Alfred H. Fried

Die moderne Friedensbewegung

Salzwasser

Alfred H. Fried

Die moderne Friedensbewegung

1. Auflage | ISBN: 978-3-84607-736-8

Erscheinungsort: Paderborn, Deutschland

Erscheinungsjahr: 2015

Salzwasser Verlag GmbH, Paderborn.

Nachdruck des Originals von 1907.

Alfred H. Fried

Die moderne Friedensbewegung

Salzwasser

Aus Natur und Geisteswelt

Sammlung wissenschaftlich - gemeinverständlicher Darstellungen

157. Bändchen

Die moderne Friedensbewegung

Von

Alfred H. Fried

Den siebenundvierzig Kollegen

von der Englandfahrt Deutscher Journalisten

(Juni 1906)

in Erinnerung an die schönen, der internationalen
Verständigung gewidmeten Londoner Tage

dargebracht

vom Verfasser

Vorwort.

Wie nach Schiller einst die Kunst vor „Friedrichs Throne" „schutzlos und ungeehrt" war, so ging's bis vor kurzem noch der Friedensbewegung in Deutschland. Man hatte sich ein Phantom zurechtgemacht, einige Schlagworte geprägt und begnügte sich lange, dieses Phantom zu bekämpfen, diese Schlagworte zu widerlegen. Der Sache selbst näher zu treten, hielt man nicht für nötig. Man begegnete der Friedensbewegung am Ende des 19. Jahrhunderts in der gleichen Weise, wie am Anfange des Jahrhunderts den Eisenbahnen. Mit demselben Unverstand und derselben Gleichgültigkeit. Hier wie dort wollte man nicht an den Nutzen, noch an die Möglichkeit glauben. Das hat sich erfreulicherweise geändert. Noch ist nicht aller Widerstand besiegt. Dieser Täuschung darf man sich nicht hingeben. Aber man beginnt jetzt auch in Deutschland in den Kreisen der Wissenschaft, der Politik und der Presse allgemach das Urteil zu ändern und die Bewegung ernst zu nehmen. Die Worte zweier deutscher Völkerrechtsgelehrter, die ich als Motto dieses Buches erwählte, betrachte ich gewissermaßen als ein Siegeszeichen. Sie bekunden am deutlichsten den sich vollziehenden Umschwung, der schon vor längerer Zeit in andern Ländern des europäischen Kulturkreises eingetreten war.

Ich muß allerdings zugeben, daß an dieser Verzögerung nicht die Außenstehenden allein Schuld trugen. Auch innerhalb der Mauern Trojas wurde gesündigt. Die Friedensbewegung hat sich im letzten Jahrzehnt ganz erheblich geändert. Sie hat die Eierschalen abgestreift, sie hat sich vertieft, der Wirklichkeit angepaßt, — ist Wissenschaft geworden.

Es ist mir deshalb eine besondere Freude, im Rahmen dieser ausgezeichneten Teubnerschen Sammlung das Wesen und die Ziele der modernen Friedensbewegung weiteren Kreisen darlegen zu können. Ich hoffe, daß die Veröffentlichung gerade in diesem Rahmen dazu beitragen wird, das noch vorhandene Mißtrauen zu beseitigen, der Bewegung weiteres Verständnis und unter Umständen auch Anhängerschaft zuzuführen. Dies hoffe ich. Diejenigen, die sich noch weiter mit dem Gegenstand befassen wollen, verweise ich auf mein 1905 bei der Reichen=bachschen Buchhandlung in Leipzig erschienenes „Handbuch der Friedensbewegung", worin auch noch weitere Literaturangaben enthalten sind.

Wien, 30. November 1906.

Alfred H. Fried.

Inhaltsverzeichnis.

I.

Wesen und Ziele der Friedensbewegung.

„Man kann dem Pazifismus nur einen Vorwurf machen; den, daß er vielfach schlecht interpretiert wurde."

Emile Arnaud, „Le Pacifisme et ses Détracteurs". 1906.

Soweit das Gedächtnis der Menschheit zurückreicht, hat es Kriege gegeben, solange es Kriege gibt, hat die Menschheit den Frieden gepriesen. Aus dieser unbestreitbaren Tatsache wird zuweilen der hoffnungslose Schluß gezogen, daß alles Bemühen, das darauf hinauszielt, die uralte Menschheitssehnsucht nach Frieden zu stillen und den Krieg auszumerzen, ein vergebliches sei. Diese Resignation ergibt sich aus dem Übersehen einer wichtigen Erscheinung. Im Laufe der Entwickelung ist das Gebiet des Krieges immer kleiner, sind die Kriege selbst immer seltener geworden. Das ist eine Tatsache, die sich nicht bestreiten läßt. Wir sehen in der Urzeit den Kampf aller gegen alle; die roheste und zugleich häufigste Erscheinung des Krieges. Der Mensch kämpft ihn zur Befriedigung seiner Bedürfnisse tagtäglich. Es bilden sich Horden und Stämme; und damit vollzieht sich die erste Verringerung des Kriegsgebietes. Mit fortschreitender Kultur erblicken wir die Vereinigung von Gemeinden, von Städten und Landschaften. Es erstehen Städtebünde, Länder, Reiche, Weltreiche, aus deren Zerfall entwickeln sich wieder neue Reiche, die unserem modernen Staatenbegriff schon näher kommen; es entwickeln sich Staatenverbände, erst kleineren Umfanges, dann solche größeren Umfanges; die großen Nationalstaaten, große Bundesstaaten treten in Erscheinung, und in neuester Zeit erblicken wir die großen Staatengebilde sich zu Allianzen, Bünden, Ententen untereinander verbinden. Deutlich erkennen wir, wie trotz dem Kriege eine Tendenz zur Assoziation die soziale Entwickelung der Menschheit beherrscht und wie infolgedessen das Gebiet des Krieges immer kleiner wird, wie die Reibungsflächen immer geringer werden, wie sich aus dem ewigen Kriegszustande der isolierten Individuen, aus dem Zustande der häufigen Kriege kleiner Gruppierungen, die heutige Seltenheit des Krieges entwickelt, wie seine Möglichkeit auf eine an den Fingern abzählbare Summe von sozialen Einheiten beschränkt ist.

Diese Tatsache erschüttert den hoffnungslosen Schluß der Zweifler und läßt die Möglichkeit eines nach menschlichen Begriffen dauernden, zum mindesten aber eines weit über das heute herrschende Maß gesicherten Friedens erkennen.

Einen weiteren Grund resignierter Hoffnungslosigkeit finden heute noch viele darin, daß die Erkenntnis, „der Kampf ist der Vater aller Dinge", die der Menschheit seit dem Altertum geoffenbart wurde, den Gedanken an eine immerwährende Beseitigung des Krieges oder an seine zum mindesten aufs äußerste beschränkte Möglichkeit weder erreichbar noch wünschenswert erscheinen läßt, und daß demnach der „Ewige Friede", wie Moltke gesagt hat, „ein Traum, und nicht einmal ein schöner" wäre. Die Resignierten, die ihre Gegnerschaft gegen die Friedensidee aus dieser Erkenntnis schöpfen, begehen den unheilvollen Fehler, den Kampf mit dem Kriege zu verwechseln. Gewiß ist der Kampf das schaffende Lebensprinzip, aber ein Blick auf die Entwickelung der Menschheitsgeschichte lehrt uns, daß dieser Kampf millionenfältig vor sich geht, und daß der Krieg nur eine besondere Modifikation des Kampfes ist, unter tausenden und hunderttausenden eine einzige. Der Krieg ist die Kampfmethode der jeweilig höchsten Gruppenbildungen untereinander, er verliert seine Geltung zwischen den innerhalb einer Gruppe vereinigten Menschen. Die als Krieg erkannte besondere Modifikation des natürlichen Kampfgesetzes hat im Laufe der Entwickelung in dem Maße eine ständige Beschränkung erhalten, als die Assoziation der Menschheit zu immer größeren Verbänden vor sich ging.

Wären Kampf und Krieg wirklich identisch, so müßten wir demnach verzweifelt erkennen, daß das schaffende Lebensprinzip der Menschheit mit deren zunehmender Assoziation, das heißt also mit wachsender Kultur, erlahme und die Menschheit einem raschen und sicheren Verfall entgegengehe. Wir können doch nicht mehr bestreiten, daß der Krieg heute für viele

Millionen Menschen, die ihre Vereinigung in den großen
Staatenkomplexen gefunden haben, soweit es sich um ihre innere
Entwickelung handelt, so gut wie ausgeschaltet ist, denn sie
haben nicht mehr die Möglichkeit, sich in dem Maße zu be=
kriegen, wie früher, als sie noch selbständige Gruppen inner=
halb des jetzigen Verbandes bildeten, und wir müssen auch
zugeben, daß wir heute in Europa Staaten kennen, die sich
eines fast hundertjährigen Friedens erfreuen, daß es in Deutsch=
land selbst einen fünfzigjährigen Frieden gab und jetzt bereits
fünfunddreißig Jahre Friede herrscht, ohne daß man behaupten
könnte, daß solch lange Friedensperioden die Lebenskraft der
betreffenden Völker erschüttert oder gar vernichtet hätten, was
der Fall sein müßte, wenn Kampf und Krieg identische Er=
scheinungen wären.

Nein, der Krieg ist mit dem Naturgesetz des Kampfes
nicht identisch. Der Kampf tritt nur zwischen solchen Gruppen
in der Form als Krieg auf, bei denen der Lebenszusammen=
hang noch ein loser ist. Sobald dieser Zusammenhang ein
intensiverer wird, sobald sich eine Lebensgemeinschaft — eine
Symbiose — der einzelnen Gruppen entwickelt hat, wird die
Form des Krieges seltener, hört sie schließlich ganz auf, und
an Stelle der physischen Kampfmethode tritt die psychische. Der
psychische Kampf ist die Kampfform der höheren Kulturstufe,
er ist aber gleichzeitig die mannigfachere, die regere und daher
auch diejenige Kampfform, die erhöhte Lebenskraft voraussetzt
und schafft. Die menschliche Beobachtung gewahrt in erster
Linie immer die großen Katastrophen, und deshalb glauben die
Menschen, diese als die alleinigen Faktoren der Entwickelung
betrachten zu müssen; sie sind nur zu selten in der Lage, zu
erkennen, daß neben diesen Ausnahmen in fast unsichtbarer
Weise die myriadenfache Kleinarbeit jener Ereignisse vor sich
geht, die den Wandel und das Werden der Dinge entscheidend
beeinflussen. So übersieht man nur zu leicht die millionen=
fachen Kämpfe, die uns heute jeder Tag, ja jede Stunde bringt,
und die das Leben mit ihrer in der Summe gewaltigen Macht
erhalten und entwickeln, ohne daß dazu die so seltene Kata=
strophe eines Krieges nötig wäre.

Jener Friede, der im militärtechnischen Sinne den Gegen=
satz zum Kriege bildet, ist daher noch lange nicht Friede im
Sinne eines Lebensstillstandes, des Todes also, und nur eine

Verwechselung dieses Friedensbegriffes mit dem militärtech=
nischen, hat Moltke zu seinem oben zitierten Ausspruch geführt.
Das Erlahmen des natürlichen Lebenskampfes zu erstreben,
wäre allerdings ein Traum, und seine Erfüllung der Kirchhofs=
friede für die ganze Welt, den wir alle nicht als schön be=
zeichnen können. Aber der Friede, der als Gegensatz zu Krieg
gedacht wird, ist kein Traum; denn die natürliche Entwickelung
bringt ihn ja selbst mit sich.

Die Friedensidee will aber den Kampf nicht beseitigen;
sie weiß, daß dieses Bemühen dem Verlangen gleichkäme, die
Erde aus ihrer Bahn zu bringen und die Tageszeiten nach einer
anderen Methode zu regeln. Sie will vielmehr jene besondere
Form des Kampfes beseitigen, die heute nur mehr zwischen den
höchsten Gruppen, in die die Menschheit geteilt ist, möglich ist.
Sie wirkt damit nicht gegen das Naturgesetz, sondern in der
Richtung der natürlichen Entwickelung, die ja, wie oben er=
wähnt, eine fortwährende Kriegsverminderung deutlich erkennen
läßt. Für ängstliche Gemüter, die immer erzittern, wenn es
sich darum handelt, etwas Althergebrachtes zu beseitigen, und
die an eine völlige Beseitigung des Krieges nicht glauben
können trotz der dafür sprechenden offensichtlichen Tatsachen,
sei erwähnt, daß die Friedensbewegung nichts Übermenschliches
erstrebt und deshalb nichts Vollkommeneres zu erreichen hofft,
wie die Menschheit auf all den zahlreichen anderen Gebieten
erreicht hat, wo sie den Kampf gegen die Reste der Unkultur
früherer Zeiten mit heute bereits erkanntem und allgemein ge=
billigtem Erfolge aufgenommen hat. Die Friedensbewegung
will nicht behaupten, daß es ihr gelingen könnte, alle
Kriege für ewig und immer aus der Welt zu schaffen,
sie weiß aber, daß es ihr gelingen kann, den Krieg zu einer
außerordentlichen Seltenheit zu machen, vor allen Dingen die
Kriegsmöglichkeiten wirkungsvoller zu verringern und den Friedens=
zustand auf eine sicherere und vernünftigere Grundlage zu
stellen, als es heute der Fall ist.

Sehr zutreffend hat das Wesen und die Ziele der Friedens=
bewegung der bekannte ungarische Staatsmann Graf Albert
Apponyi in einer Rede zum Ausdruck gebracht, die er auf
der XI. Interparlamentarischen Konferenz zu Wien (1903) vor
den Vertretern fast aller Parlamente Europas gehalten hat.
Er sagte darin:

„Rückständige Geister, die die Friedensbewegung immer noch mißbilligen und nach Vorwänden suchen, um sie anzuschwärzen, sagen, daß man die Kriege niemals abschaffen wird, solange man nicht die menschliche Natur zu ändern imstande sein wird. Welche Banalität liegt darin! Sicherlich wird man den Krieg ebensowenig ausrotten, als die Leidenschaften und Laster, aber wenn man sich immer dieser hoffnungslosen Theorie hingegeben hätte, wäre niemals ein Fortschritt der Menschheit vollzogen worden. Es gab immer Leute, die jenen, die sich bemühten, Licht zu verbreiten, vorhielten: 'Wozu? Ihr werdet doch nicht die Unwissenheit beseitigen!' Hätten sich die Lichtverbreiter durch diese Banalität zurückhalten lassen, um wieviel umfangreicher wäre heute noch die Finsternis, in der ein Teil der Menschheit vegetiert. Denjenigen, die die medizinischen und hygienischen Einrichtungen vermehren, die immer mächtigere Mittel gegen jene physischen Übel, die uns von allen Seiten umlauern, zu entdecken suchen, riefen dieselben Menschen zu: 'Verzichtet doch auf diese überflüssigen Anstrengungen, was ihr auch tun möget, niemals werdet ihr die Krankheiten abschaffen!' Sicherlich nicht; — aber vermindern wird man sie und dementsprechend wird man die Dauer des menschlichen Lebens verlängern. Denjenigen, die in irgendeiner Weise an der moralischen Besserung der Menschheit arbeiten, den Gesetzgebern, die die Kriminalität bekämpfen, sagt man: 'Ihr seid Utopisten, denn niemals werdet ihr das Verbrechen beseitigen.' Nein, gewiß nicht; aber es wird ihnen gelingen, die Kriminalität zu verringern."

Diese Worte sind wohl geeignet, die noch weit verbreiteten Mißverständnisse über die Friedensbewegung aufzuhellen, den ihr noch häufig gemachten Vorwurf der Utopie zurückzuweisen.

Es fällt somit die Behauptung, die Friedensbewegung erstrebe einen „Ewigen Frieden", auch dann in sich zusammen, wenn man den Frieden nicht, so wie Moltke es irrtümlich tat, als Gegensatz zum Kampf überhaupt, sondern nur im beschränkten Sinne als Gegensatz zum Krieg betrachtet. Das auf dem Gebiete der Friedenssicherung menschlich Erreichbare genügt der modernen Friedensbewegung als Endziel ebenso, wie es der sozialen Wohlfahrtspflege genügt, das Elend zu bannen, wenn sie auch weiß, daß das gesamte Elend niemals aus der Welt zu schaffen ist, wie es der Rechtspflege genügt, die bürgerliche

Sicherheit herzustellen, wenn sie auch weiß, daß das Verbrechen immer erscheinen wird, und wie es schließlich der Medizin genügt, der Menschheit den vollsten Lebenswert und die längste Lebensdauer zu sichern, wenn sie auch weiß, daß Krankheit und Tod ihr dabei ein sicheres Ziel setzen.

Aber ebensowenig, wie die moderne Friedensbewegung einem „ewigen Frieden" nachstrebt, erwartet sie einen Aller= weltsfrieden, wenn sie ihn auch erstrebt. Sie ist sich nicht nur der zeitlichen, sondern auch der räumlichen Grenzen ihrer Erfolge bewußt. Sie denkt zunächst nur an die Familie der kulturreifen, durch ihre Kulturhöhe so unendlich aufeinander an= gewiesenen Völker, die von der Unsicherheit des Friedens und von den Folgen des Krieges am empfindlichsten getroffen werden. Wohl kann nicht außer acht gelassen werden, daß der Einfluß der großen Kulturvölker auf die weniger zivilisierte Menschheit heute ein so nachhaltiger ist, daß es dem vereinten Willen dieser Völker ge= lingen würde, den Krieg auch bei den minderzivilisierten oder noch unzivilisierten Völkern in absehbarerer Zeit auszurotten.

Nachdem ich nun nachgewiesen habe, daß sich das Ziel der Friedensbewegung nicht in wolkenhaften Träumen verliert, ist es notwendig darzulegen, wie die Friedensbewegung ihr Ziel zu erreichen sucht. Man hat bei der nur zu sehr ein= gewurzelten Gewohnheit, sich mit Schlagworten abzufinden, der Friedensbewegung immer die Absicht unterlegt, als wollte sie den Frieden einfach durch Abrüstung der Armeen und durch Schlichtung aller Streitigkeiten auf schiedsrichterlichem Wege herbeiführen. Daß die Verminderung der großen Rüstungs= lasten eines der Motive der Friedensbewegung ist, kann nicht bestritten werden, auch daß die schiedsrichterliche Entscheidung von ihr als die ideale Lösung der Streitigkeiten von Volk zu Volk erkannt wird, sei zugegeben. Es ist aber ein Irrtum zu meinen, daß diese letzten Ergebnisse der Bewegung auch die Mittel sind, mit denen sie ihr Ziel zu erreichen sucht. Die schwer auf allen Völkern lastenden übergroßen Rüstungen unserer Zeit und die noch immer vorhandene Möglichkeit, die bestehenden internationalen Streitfälle auf gewaltsamem Wege lösen zu müssen, sind nicht die Ursachen, gegen die sich die Friedensbewegung richtet, sie sind nur die Symptome jener Ursachen. Diese Ursachen selbst finden wir in der ungeheueren Differenz zwischen dem Bedürfnis nach internationaler Sicherheit,

die unsere moderne Wirtschaft erfordert, und der mangelnden
Stärke dieser Sicherheit. Diese Differenz zeitigt die großen
Rüstungen und erzeugt gleichzeitig die Kriegsgefahr, in der
Europa ständig lebt. Das ganze Unheil, das unsere Zeit be-
drückt, liegt mit einem Wort in dem Mangel einer dem Bedürfnis dieser Zeit angepaßten internationalen Organisation.
Aus der Beseitigung dieser herrschenden Unordnung im internationalen Verkehr der Staaten und der Herstellung einer
internationalen Organisation wird sich die Abrüstung und eine
vollkommene Schiedsgerichtsbarkeit von selbst ergeben.

Das Ziel der Friedensbewegung ist daher eine internationale Organisation der Kulturwelt, durch die es den daran
teilhabenden Staaten erst möglich sein wird, ihre so zahlreichen
gemeinsamen Interessen auch gemeinsam zu verfolgen und die
sich dabei ergebenden Gegensätze durch weisen Ausgleich und
gegenseitiges Entgegenkommen zu beseitigen. Erst dort, wo
diese Methode des einverständlichen Ausgleichs auf Schwierigkeiten stößt, wird durch die Unterwerfung unter einen Schiedsspruch eine leichte Erledigung herbeizuführen sein. Über den
Umfang dieser Organisation ist es müßig, sich in Details und
Vorschlägen zu ergehen. An dem Tage, an dem die Regierungen
der großen Staaten darüber einig sein werden, daß eine internationale Organisation für sie von Vorteil ist, werden sie
auch den geeigneten Modus für eine solche Organisation finden.
Diese Organisation wird in keinem Falle sofort eine umfassende
sein; weder in bezug auf die Zahl der Staaten, noch in ma-
terieller Beziehung. Alle Organisationen, die die Menschheitsgeschichte kennt, haben zaghaft und in kleinem Umfang begonnen.
Auch mit dieser höchsten Organisation, der Föderation der
Kulturwelt, wird es nicht anders gehen. Es werden sich zuerst
einige Staaten finden, die die Organisation für sich als nützlich
erkannt haben und deshalb bereit sein werden sie herzustellen,
es werden die anderen allmählich in dem Maße folgen, als
sich die Vorteile einer solchen Organisation gezeigt haben werden.
Der Inhalt dieser Organisation wird sich zunächst nur auf ein
kleines Gebiet gemeinsamer Wirksamkeit beschränken. Der Umfang
der gemeinsamen Wirksamkeit wird zunehmen in dem Maße,
als sich Erfolge auf diesem beschränkten Gebiete einstellen werden.
In keinem Falle wird es sich bei einer Organisation der großen
Kulturstaaten darum handeln, daß diese auf ihre Selbständigkeit

verzichten. Sie werden vielmehr ihre Selbständigkeit, die durch die heute wenigstens im Prinzip noch vorhandene internationale Anarchie so sehr beschränkt ist, damit nur erhöhen. Die Organisation wird die jedem Staate innewohnende Macht erst recht zu entfalten vermögen, denn die Staaten werden höchstens durch den Verzicht auf die Ausübung gewisser Rechte Pflichten der anderen Staaten in Tausch nehmen, die ihnen ihre eigene Macht erst recht wertvoll erscheinen lassen werden. Das Dogma von der unbeschränkten Souveränität des Staates ist eben nur ein Dogma. Kein Staat ist bei der heute so innig verwickelten Weltwirtschaft völlig unabhängig. Alle Staaten sind durch den Druck der Verhältnisse aufeinander angewiesen und in ihrem Handeln in gewissem Sinne beschränkt. Die Organisation wird diese Beschränkung der Macht in einer für die Staaten höchst vorteilhaften Weise regeln, indem sie allen Teilnehmern für die Beschränkung ihrer Macht Ersatz bietet durch die von den anderen Staaten dafür übernommenen Pflichten; ein Ersatz der Beschränkung, der heute noch fehlt. Die staatliche Macht gleicht heute einem zinslos verwerteten Barkapital. Unter der Herrschaft der Organisation werden die Staaten ihre Macht zinsreich anlegen; die Pflichten der anderen werden die fetten Zinsen sein. Man darf unter Herstellung einer internationalen Organisation nicht an die Nachahmung eines Vorbildes bestehender Staatengruppierungen denken, wie sie z. B. die Vereinigten Staaten von Amerika, die Schweiz, das Deutsche Reich und viele andere ähnliche staatsrechtliche Bildungen zeigen. Die Organisation der großen Kulturstaaten wird naturgemäß eine ganz neue Form finden müssen, die der Größe und der Eigenart der sich organisierenden Einheiten entspricht. Dies muß besonders betont werden; denn gerade diese oberflächliche Anlehnung an schon vorhandene Staatenbildungen trägt an sich dazu bei, die Absichten der modernen Friedensbewegung zu fälschen und ihr eine zahlreiche Gegnerschaft zu erwecken, die vielleicht berechtigt wäre, wenn deren Voraussetzungen richtig wären.

Wie erwähnt, handelt es sich bei der Friedensbewegung gar nicht darum, eine feste Formel für die internationale Organisation zu bilden. Diese Formel wird leicht gefunden werden, wenn einmal der ernste Wille nach einer Organisation vorhanden ist. Der Friedensbewegung liegt in erster Linie nur daran, diesen Willen zu erwecken, und dies glaubt sie am besten

dadurch zu erreichen, indem sie die Notwendigkeit der Organi=
sation und ihre zu erwartenden Vorteile nachweist und indem
sie vor allen Dingen deren Möglichkeit dartut, da ja der
Zweifel an der Wiege jeder neuen Erscheinung steht und um
so größer ist, je größer sich die Erscheinung darstellt.

Hierbei ist es die beste Legitimation der Friedensbewegung
nachzuweisen, daß sie mit ihrem Bestreben nach Errichtung einer
internationalen Organisation vollständig im Strome der natür=
lichen Entwickelung steht, daß sie eigentlich gar nichts
Neues schaffen will, sondern vielmehr beabsichtigt
nachzuweisen, daß sich eine Organisation der Kultur=
menschheit seit langer Zeit auf natürlichem Wege von
selbst entwickelt, und daß es nur notwendig ist, den
Gang dieser Entwickelung zu erkennen.

Die sich entwickelnde Symbiose der Kulturwelt ist einfach nicht
zu bestreiten. Wer unsere heutige Welt mit der vor hundert Jahren
vergleicht, muß zugeben, daß sie nicht nur viel kleiner geworden ist
(und sie wird täglich kleiner), sondern auch, daß die Menschen aller
Länder voneinander viel abhängiger geworden sind. Wer sich
dieser Erkenntnis nicht hingeben will oder nicht hingeben kann,
wird aber bemerken müssen, wie, seitdem die großen technischen
Fortschritte unsere Lebensbedingungen umgewälzt haben, die
Menschen trotz all ihrer Gegnerschaft, die so häufig zu Kriegen
geführt hat, sich diesen veränderten Verhältnissen anzupassen
wußten. Es gibt heute fast keine Sphäre menschlichen Wirkens
mehr, innerhalb welcher eine ausschließlich nationale Betätigung
möglich wäre. Wir sehen, wie sich alle Berufskreise durch
internationale Kongresse, durch Errichtung internationaler Ge=
sellschaften, Bureaus, Syndikate in ihrer Wirkung stärken und
vervielfachen. Wir sehen aber auch, wie die Politik gezwungen
ist, in immer mehr Fällen international vorzugehen. Die
großen Kongresse und Konferenzen zur Regelung politischer An=
gelegenheiten sind nicht allein die Anzeichen dafür. Die inter=
nationalen Ämter, Kommissionen, Konventionen usw., wahre
Gebilde der Kulturgemeinschaft, die heute von den Regierungen,
internationale Angelegenheiten zu regeln berufen sind, erreichen
bereits die Zahl von 80.[1] Alljährlich werden neue Gebiete

---

1) Siehe mein „Annuaire de la Vie internationale“.
Jahrgang 1905 u. 1906 (wird jährlich fortgesetzt). Monaco. Verlag
des „Institut Int. de la Paix“.

dieser internationalen Regelung erschlossen. Wir haben bereits
die Anfänge einer internationalen Verwaltung, einer inter=
nationalen bürgerlichen Gesetzgebung, einer internationalen Pro=
duktions= und Verkehrsordnung, einer internationalen Handels=
zentrale. Freilich, alles erst in den Anfängen. Die rapide
Zunahme dieser Einrichtungen läßt aber erkennen, daß es bei
den Anfängen nicht bleiben wird. Wie durch ein Naturgesetz
bedingt, entwickelt sich jeder internationale Keim in wenigen
Jahren zu einem regelmäßigen, vollkommenen Kristall. Die
Entwickelung der internationalen Ordnung liegt eben in der
Natur der sozialen Geschehnisse.

All diese Momente kündigen die Bildung einer inter=
nationalen Organisation an, sie zeigen aber auch die Not=
wendigkeit dieser Organisation. Trotz aller Aufwendungen von
Milliarden für Rüstungen haben wir den Frieden nicht, den
wir brauchen. Wir fristen einfach einen Waffenstillstand, der
jeden Augenblick gestört werden kann. Unser modernes Leben
bedarf aber der Sicherheit, der Stabilität, der Ruhe zur er=
höhten Entfaltung seiner Fähigkeiten, und diese Sicherheit werden
wir erst genießen, wenn wir die bisher getrennten Konkurrenten
zu Associés machen, wenn wir das gemeinsame Interesse der
Völker an Frieden und an Wohlstandserhöhung fest vereinigt
haben werden unter einem schützenden Kontrakt, der alle gegen
alle schützt und es allen ermöglicht, für alle einzutreten.

Nach einem solchen Zustande strebt die Friedensbewegung.
Sie schwimmt damit nicht gegen den Strom; sie ist sich viel=
mehr bewußt, in der Strömung der Zeit zu steuern. Sie will
kein Kunstwerk errichten, sondern bloß zur Erkenntnis
der natürlichen Entwickelung führen. Sie zeigt den Bau,
den das Bedürfnis der Nationen bereits geschaffen und an
dessen Vollendung sie alle, trotz ihrer gegenseitigen Angst, eifrig
und zum Teil unbewußt, weiterbauen. Es handelt sich nur
darum, den Bau und seinen Zweck zu erkennen, um ihm die
schmückende Fassade und das schützende Dach geben zu können.
Dieser Bau ist die internationale Organisation; sein Dach wird
das Recht sein, und die Fassade wird der große Föderations=
vertrag werden, den die Kulturstaaten schließen werden. Kein
Staatenbrei wird entstehen, keine Völkervermischung. Die
Völker werden erst recht Gelegenheit haben, ihre Individualität
zu wahren, ihre Nationaleigentümlichkeiten zu betonen, ihr

Vaterland zu lieben, sie werden aber entgegen der bisherigen Übung in die Lage gesetzt sein, dies statt zuungunsten der anderen zum Wohle der Gesamtheit zu tun, und es wird damit nur jedes Volk sich selbst den größten Vorteil bereiten. Vaterland, Nation und die vaterländische Arbeit werden erhöht und vervollkommnet werden, und die Bürger werden dann erst ihre Kräfte zur vollen Geltung bringen können, den vollen Genuß ihrer Arbeit finden. Es wird kein Zeitalter des „ewigen Friedens" sein, der Streit wird weiter bestehen, er wird nur eingedämmt sein durch mächtige Dämme, und seine also gesammelte Kraft wird dem Fortschritt dienstbar gemacht werden.

II.

Die Schiedsgerichtsbarkeit.

> „Eine tiefe und anhaltende Bewegung treibt die modernen Völker dem Schiedssystem zu. Diese Bewegung knüpft sich an den Fortschritt der internationalen Beziehungen, an die Entwickelung der demokratischen Institutionen, an die ökonomische Umwandlung der Gesellschaftsformen, an die Verfeinerung der Sitten, an den Geist des Jahrhunderts, an zahlreiche andere Faktoren, die nicht als vorübergehende Erscheinung im Völkerleben betrachtet werden können."
>
> Chevalier de Descamps, „Die Organisation des intern. Schiedsgerichtes". 1897.

Ist der Krieg, jene Betätigung der Gewalt, die Wirkung der internationalen Anarchie, so bedeutet die Schiedsgerichtsbarkeit die Betätigung der Vernunft, die Wirkung einer sich anbahnenden internationalen Ordnung. Die Annahme, es sei das Ziel der Friedensbewegung die Kriege durch Schiedsgerichte aus der Welt zu schaffen, ist eine irrige. Es geht nicht an, an Stelle einer Wirkung eine andere Wirkung setzen zu wollen, ohne die Ursachen geändert zu haben. Es geht nicht an, an Stelle der Wirkung „Gewalt" einfach die Wirkung „Vernunft" zu setzen, also ganz einfach die Erscheinungsformen zu ändern, ohne das Wesen der sie bedingenden Ursachen zu berühren. Will man den Krieg beseitigen, so muß man den

Boden umpflügen, aus dem er erwächst, so muß man die internationale Ordnung vollenden und festigen, aus der sich dann erst die Möglichkeit zu einer vollkommen gewaltlosen Streitschlichtung ergeben wird.

Durch die völlige Beseitigung der internationalen Anarchie wird nämlich das Zusammenleben der Staaten in grundlegender Art geändert werden. Sie werden den Modus eines geregelten Zusammenlebens gefunden haben und werden alsdann die Möglichkeit haben, ihre Interessen durch weises Entgegenkommen, durch klugen Ausgleich und durch Anerkennung des Daseins= rechtes aller Mitglieder der Gemeinschaft in einer für alle gleich vorteilhaften Weise zu vertreten. Innerhalb einer solchen internationalen Ordnung wird nicht die Streitschlichtung die Hauptfrage bilden, die sie heute noch ist, sondern die Streit= vermeidung. Auf diese Weise werden sich die Differenzpunkte, die durch Urteilsspruch einer Lösung zugeführt werden müssen, bedeutend verringern. Nicht weil es innerhalb dieser Gemein= schaft weniger Differenzen geben wird — das Gegenteil dürfte der Fall sein — sondern weil infolge der alle bindenden und alle fördernden Ordnung der Charakter jener Differenzen die Schärfe und auch wohl die Bedeutung vermissen lassen wird, die internationale Differenzen heute zum großen Teil natur= gemäß noch besitzen. Dem Schiedsgericht wird daher eine ganz andere Rolle zufallen, als ihm heute nach der Lage der Dinge zufallen kann. Es wird nicht berufen sein, Lebensfragen der Völker zu lösen, da solche gar nicht zur Lösung stehen werden, weil die vitalen Interessen der Staaten durch die internatio= nale Organisation, die eben allen Staaten ihre Lebensinteressen garantieren wird, geschützt sein werden.

Der Einwand der Schwäche, der der Schiedsgerichtsbarkeit heute oft gemacht wird, ist daher völlig unerheblich. Er wird stets unter der unzureichenden Voraussetzung der heute herr= schenden internationalen Verhältnisse erhoben. Die Schwäche des Schiedsgerichtes ist immer die Schwäche der jeweiligen internationalen Struktur. Sobald diese die notwendige Stärke erlangt haben wird, wird auch das Schiedsgericht die aus= reichende Stärke besitzen. Oder besser gesagt: Sobald die inter= nationalen Beziehungen der Staaten durch eine internationale Organisation gefestigt sein werden, werden die durch wechsel= seitigen Ausgleich und durch Entgegenkommen nicht zu beseitigenden

Differenzen nur mehr solch geringe Schärfe besitzen, daß man sie durch Schiedsspruch leicht wird schlichten können.

Hiermit fallen alle die Behauptungen, daß das Schieds= gericht nicht für die großen Lebensfragen der Völker, sondern nur für die kleineren Fragen geeignet ist. Diese Behauptung ist formell ganz richtig. Aber nicht der Sache nach; denn mit der Entwickelung des großen Umwandlungsprozesses, dem die internationale Staatenfamilie unterliegt, werden die großen Streitfragen immer ungefährlicher werden, da sie auf andere Weise Ausgleich finden werden, und nur die kleineren Streit= fragen werden übrig bleiben. Man darf aber nicht vergessen, daß die Veränderung in der Bedeutung der Fragen eben den großen Fortschritt bildet, der in der Überwindung der Gewalt durch die Vernunft liegt. Die Fragen sind eben deshalb kleiner geworden, weil die überhandnehmende Vernunft sie nicht mehr als große erscheinen läßt. Grenzstreitigkeiten, Ehrverletzungen, Geldentschädigungen und wie sich die sogenannten kleinen Fragen heute alle charakterisieren mögen, waren alle einmal große Fragen, Lebensfragen, um derentwillen blutige Kriege geführt worden sind. Wenn sie heute nicht mehr dazu führen, so ist das nicht der Fall, weil sich jene Fragen geändert haben, sondern weil die Vernunft der Menschen eine größere wurde, weil der Einfluß der Vernunft im internationalen Verkehr mächtiger wurde, und dies die Bedeutung jener Fragen anders bewerten ließ. Man darf schließlich auch nicht vergessen, daß durch die Beseitigung vieler kleiner Fragen auf dem Rechtswege meist die Möglichkeit der Anhäufung ungelöster Differenzen, die Möglichkeit, daß sich viele geringe Streitpunkte zu einem großen Streit auswachsen könnten, vermieden wird.

Der Vorwurf der Schwäche, den man heute gegen die Schiedsgerichtsbarkeit erhebt, ist daher in den meisten Fällen unbegründet. Völlig hinfällig ist aber auch der Einwand, daß es an Mitteln fehlt, den Spruch eines Schiedsgerichtes zur Anerkennung zu bringen, wenn der verurteilte Staat diese Anerkennung verweigert. Dieser Einwand entspringt einem völligen Verkennen des Wesens der Schiedsgerichtsbarkeit. Man darf die zwischenstaatliche Streiterledigung niemals mit dem bürgerlichen Prozeßrecht vergleichen. Im bürgerlichen Verfahren ist der Streitende immer einer Rechtsordnung unterworfen, die er selbst nicht geschaffen hat, der er sich fügen muß, ohne daß

er danach gefragt wird. Die Staaten aber, die ihren Streit
der Erledigung durch einen Schiedsspruch unterbreiten, tun dies
freiwillig unter völliger Erkenntnis der eventuellen Tragweite.
Sie unterwerfen sich also bereits dem Schiedsspruch, ehe er gefallen ist, in dem Momente, wo sie sich bereit erklären, ihren
Streit schiedlich aus der Welt zu schaffen. Den Zwang zur
Anerkennung des Urteils bereiten sie sich selbst. Glauben sie,
sich diesem Zwang nicht unterwerfen zu können oder zu müssen,
dann kommt es eben erst gar nicht zur Anrufung des Schiedsgerichtes. Nun ist allerdings theoretisch der Fall möglich, daß
ein Staat sich anders besinnt, daß er vor dem Urteilsspruch
bereit war, diesen anzuerkennen, nachher diese Anerkennung aus
irgendeinem Grunde dennoch verweigert. In der Praxis ist
er bei den vielen hundert Schiedsfällen in den vergangenen
110 Jahren nicht ein einziges Mal vorgekommen. Gegen
einen solchen Staat gibt es zurzeit keine materielle Handhabe,
aber es gibt eine moralische Macht, die wirksamer ist, als alle
Repressionsmittel. Es liegt einfach im höchsten Interesse des
Staates, Treu und Glauben im internationalen Rechtsverkehr
nicht zu täuschen. So sehr List und Trug in der politischen
Sphäre heute noch zulässige Mittel sein mögen, sobald eine
Angelegenheit einmal auf das Rechtsgebiet hinübergespielt wurde,
hat jeder Staat das höchste Interesse daran, ehrlich zu sein.
Die Regierenden wissen nur zu gut, daß Unehrlichkeit auf
diesem Gebiete ein zweischneidiges Schwert ist, das sich unweigerlich auch einmal nach der anderen Richtung fühlbar machen
muß. Ein ein Schiedsurteil nicht anerkennender Staat würde
sich gewissermaßen aus dem Rechtsverkehr der Staatengemeinschaft selbst ausschließen und alle Nachteile eines solchen Aus-
schlusses ertragen müssen. Würde eine Regierung sich zu einem
solchen Schritte entschließen, die öffentliche Meinung des eigenen
Landes würde diese Regierung dazu zwingen, dem Schiedsspruch
Erfüllung zuteil werden zu lassen. Auch darin unterscheidet
sich der verurteilte Staat ganz wesentlich von dem verurteilten
Bürger: dieser kann ein Interesse daran haben, sich dem richter-
lichen Urteile zu entziehen. In der Menge der Individuen
und bei der Größe der Erde vermag er sich vor der Exekutiv-
gewalt des Staates zu verbergen. Er kann flüchten und die
Folgen eines Urteils von sich abwälzen. Der verurteilte Staat
kann das alles nicht. Er ist gezwungen, als gebrandmarkter

Rechtsbrecher in der Gesellschaft derer zu verbleiben, auf die er angewiesen ist, die ihn aber als Rechtsbrecher kennen und alle Vorsichtsmaßregeln treffen werden, um sich vor ferneren Schädigungen der Gemeinschaft durch ihn zu sichern.

Bei Zunahme der internationalen Organisation wird sich die Wucht der moralischen Sanktion des Schiedsspruches schon durch die größere Zahl der an der Aufrechterhaltung der Ordnung interessierten Staaten erhöhen. Der das Urteil nicht anerkennende Staat würde dann nicht nur die Interessen seines Gegners, sondern die der Staatengemeinschaft verletzen. Sein eigener Nachteil würde sich in dem Maße erhöhen, als seine Handlungsweise vermehrte Interessen verletzt hat.

Wieder ein neues Argument dafür, wie sehr das Schieds= gericht das Ergebnis der internationalen Organisation ist und wie es mit der Erstarkung dieser Organisation an Bedeutung und Wert gewinnt.

Als Ergebnis der internationalen Organisation ist die Schiedsgerichtsbarkeit aber auch der Maßstab für die Entwicke= lung dieser Organisation. In dem Maße, in dem die Völker reif geworden sind für die Schiedsgerichtsbarkeit, in dem Maße, in dem sie ihr immer höhere Befugnisse einräumen, immer häufiger zu ihr greifen, ihre Anwendung erleichtern, in dem Maße hat sich die internationale Struktur bereits umgewandelt, ist die internationale Anarchie von der Organisation bereits abgelöst worden. Es ist daher für uns von höchster Wichtigkeit, die Entwickelung der Schiedsgerichts= barkeit im Laufe der Zeit zu verfolgen und den gegenwärtigen Hochstand dieser Einrichtung und ihre in absehbarer Zeit zu erwartende Weiterentwickelung genau festzustellen. Die Ent= wickelung der Schiedsgerichtsbarkeit ist für uns das, was der Barometer für den Meteorologen ist, ein Instrument, ein Grad= messer, von dem wir den Hochstand des internationalen Rechts= standes, den Umfang der bereits vollzogenen internationalen Organisation ablesen können. Es ist dabei gleichgültig, ob dem Schiedsgerichte heute noch Schwächen innewohnen oder nicht. Der augenblickliche Stand der Einrichtung ist neben= sächlich; wichtig ist nur die Gewißheit der steten Vervollkomm= nung, die Sicherheit, daß in dieser Einrichtung Leben waltet, womit auch die Gewißheit höchster Entfaltung und höchster Wirksamkeit gegeben ist.

Der kleinliche Standpunkt, der sich sein Urteil nach dem Augenblick bildet, fällt für uns hinweg, da wir die Einrichtung in ihrer ganzen Bedeutung als Symptom und in der ganzen Wirksamkeit ihrer dereinstigen Vollkommenheit ins Auge fassen müssen. Das ist eben der große Fehler der Gegner, daß sie die Unvollkommenheiten des Augenblicks für die Unvollkommenheit des Systems selbst halten.

Betrachten wir nun, wie sich dieses System im Laufe der Zeit entwickelt hat.

Der Grundsatz, Völkerstreitigkeiten durch Spruch zu erledigen, ist älter, als man gewöhnlich annimmt. Schon im Altertum finden wir davon beredte Spuren. Zwischen Argos und Sparta kam ein Vertrag zum Abschluß, worin die beiden Städte übereinkamen, ihre Streitigkeiten „den Gepflogenheiten ihrer Vorfahren gemäß" einer neutralen Stadt zur Schlichtung zu überweisen. Auch der Amphiktyonenbund der alten Griechen kann als ein Vorläufer der heutigen ständigen Schieds= verträge angesehen werden. Das sonst an blutigen Kämpfen so überreiche Mittelalter kannte die Schiedssprechung durch sogenannte „kluge, weise Männer", an die sich die Ritter und Klöster häufig wandten, um gewaltsame Auseinander= setzungen zu vermeiden; und die Stellung des Papstes brachte es mit sich, daß er ein Schiedsamt über die Kaiser und Könige der Zeit auszuüben berufen war. Einer der ältesten Schiedsverträge, der dem modernen Sinne der Schieds= gerichtsbarkeit am nächsten kommt, ist der Bündnisvertrag der drei Schweizer Urkantone Uri, Schwyz, Unterwalden vom Jahre 1291.

Trotz dieses hohen Alters beginnt die Schiedsgerichts= barkeit als Institution erst in neuerer Zeit eine Rolle zu spielen. Der Friedensvertrag, den die Vereinigten Staaten und Großbritannien am 3. September 1783 zu Paris schlossen, rief zwischen den beiden Staaten in bezug auf die Auslegung verschiedener Vertragspunkte zahlreiche Diffe= renzen hervor. Am 19. November 1794 kamen die Re= gierungen beider Länder durch den sogenannten Jay=Vertrag überein, die bestehenden Streitigkeiten durch ein Schiedsgericht zum Austrag zu bringen; und von diesem Tage datiert die Geburt der Schiedsgerichtsbarkeit als modernes Mittel der Politik.

Seit dem Jahre 1794 bis 1903, also in 110 Jahren, sind nicht weniger als 241[1]) internationale Streitfälle durch Schiedsgerichte zur Erledigung gelangt. Die Zahl würde an und für sich nicht viel sagen, wenn die Verteilung der Fälle auf die einzelnen Jahrzehnte nicht ein ungeheures Wachstum für die Gegenwart nachweisen würde.

Es kamen zur schiedsgerichtlichen Erledigung in den Jahren

1794—1800:	4	Streitfälle
1801—1820:	12	=
1821—1840:	10	=
1841—1860:	25	=
1861—1880:	54	=
1881—1900:	111	=
1900—1903:	25	=

Aus dieser Tabelle ist ganz deutlich zu ersehen, wie die Schiedsgerichtsbarkeit für die moderne Politik ein immer mehr und mehr gehandhabtes Instrument geworden ist, wobei noch in Betracht zu ziehen ist, daß die für die Zeit von 1900—1903 angegebene Zahl von Fällen noch eine bedeutende Vergrößerung erfahren dürfte, da die Mehrzahl der schiedsgerichtlichen Entscheidungen erst bekannt wird, nachdem die Fälle erledigt sind.

Die Materie der der Schiedsgerichtsbarkeit unterworfenen Streitigkeiten umfaßt die mannigfachsten Zwischenfälle des internationalen Lebens. Es handelt sich zumeist um Besitzstreitigkeiten, Grenzstreitigkeiten, gewalttätige und mißbräuchliche Behandlung von Fremden, Beschlagnahme von Schiffen und Gütern, Verletzungen neutralen Gebietes, Pflichten der Neutralen, Tötung von Fremden, Interpretation von Verträgen, Fischereiberechtigungen, Festsetzung von Geldentschädigungen usw. Unter den Erledigungen befand sich aber auch eine große Anzahl sehr ernster Streitigkeiten, bei denen in mehr als einem Falle die Ehre der Staaten engagiert und der Kriegsausbruch sehr nahe war.

So verhinderte das Schiedsgericht, das am 15. September 1871 zu Genf zusammentrat und am 14. September 1872

---

1) W. Evans Darby führt in seinem London 1904 erschienenen Buche „Modern Pacific Settlements involving the Application of the principle of International Arbitration" sogar 571 Fälle (seit 1794) an; doch erscheint mir hier der Begriff der Schiedsgerichtsbarkeit zu weitgehend angewandt zu sein.

dort sein Urteil fällte, in der bekannten „Alabamafrage“ einen
bereits dem Ausbruch nahe gewesenen Krieg zwischen den Ver=
einigten Staaten und England, das durch die Ausrüstung des
Kaperschiffes „Alabama“ während des amerikanischen Sezessions=
krieges den Nordstaaten großen Schaden zugefügt hatte und sich
nach dem Friedensschlusse zu einer Entschädigung nicht ver=
stehen wollte. Die England seitens des Schiedsgerichtes auf=
erlegte Zahlung von 63 Millionen Mark wurde alsdann ohne
Widerrede geleistet. Der Schiedsspruch vom 30. August 1900
in der Delagoa=Bahnfrage erledigte einen zwischen England
und Portugal ausgebrochenen Streit, der bereits zum Abbruch der
diplomatischen Verhandlungen und zur Entsendung dreier Kriegs=
schiffe seitens Englands geführt hatte, in friedlicher Weise. Ein
heftiger Grenzstreit zwischen der Schweiz und Italien fand am
23. September 1874 durch Schiedsspruch seine Erledigung;
ebenso der deutsch=spanische Konflikt wegen der Karolineninseln,
in dem der Papst sein Urteil zugunsten Spaniens abgab. Der
berühmte Behringsmeerstreit zwischen Großbritannien und
den Vereinigten Staaten fand am 15. August 1893 seine Er=
ledigung durch ein Schiedsgericht. Ferner die Grenzregulierung
in Kanada zwischen Großbritannien und den Vereinigten Staaten,
die durch Urteil vom 24. Oktober 1903 zugunsten Großbritanniens
erledigt und ausgeführt wurde, obwohl man in Amerika mit
der Entscheidung sehr unzufrieden war; die Samoastreitig=
keiten zwischen Deutschland, Großbritannien und den Ver=
einigten Staaten, die durch die Schiedsurteile vom 2. De=
zember 1899 und Oktober 1902 beigelegt wurden; der äußerst
gefährliche Streit über eine Grenzregulierung zwischen
Großbritannien und Venezuela, der Ende 1895 eine Kriegs=
gefahr zwischen den Vereinigten Staaten und Großbritannien
hervorrief, jedoch durch eine mächtige Volksbewegung in beiden
Ländern (siehe unten) 1896 einem Schiedsgericht unterbreitet
wurde, das am 3. Oktober 1899 zu Paris sein Urteil fällte;
und nicht zuletzt der große Venezuelakonflikt, an dem neun
europäische Mächte und die nordamerikanische Union beteiligt
waren, und der durch das Urteil des Haager Schiedsgerichts=
hofes vom 22. Februar 1904 aus der Welt geschafft wurde.
(Siehe im nächsten Kapitel.)
        Mit der Zunahme der Schiedsfälle und deren manchmal
recht großen Bedeutung für die Völker entwickelte sich auch die

Organisation dieser Einrichtung. Ursprünglich bestand eine solche Organisation überhaupt nicht. Streitende Staaten kamen von Fall zu Fall überein, einen Streit, über den sie sich nicht einigen konnten, durch Schiedsrichter zur Erledigung zu bringen. Dieses Verfahren zeigte natürlich viele Mißstände, da die Atmosphäre zwischen zwei Staaten, die sich über eine Differenz diplomatisch nicht zu einigen vermochten, keine derartig friedliche mehr sein konnte, daß man leicht die Abmachungen für die Zusammensetzung und die Kompetenz des Schiedsgerichtes zu treffen vermochte. Die Staaten waren gezwungen, mitten in ihrem Streite und inmitten der manchmal in hohem Grade erregten öffentlichen Meinung Abmachungen zu treffen, die mehr als jede andere Abmachung guten Willen und ruhige Überlegung voraussetzten. Die gute Absicht mußte infolgedessen oftmals an den Tatsachen scheitern, und an Stelle einer Rege= lung des Streites durch Recht trat das Verfahren der Gewalt.

Es war daher als ein großer Fortschritt zu begrüßen, als man daran ging, in verschiedene Staatsverträge die sogenannte spezielle Kompromißklausel aufzunehmen, wonach man bei Abschluß irgendeines Vertrages schon im voraus bestimmte, daß Streitigkeiten, die sich aus der Auslegung des betreffenden Vertrages in Zukunft ergeben sollten, einem Schiedsgericht zu unterbreiten seien, dessen Zusammensetzung und Kompetenz in der Klausel gleich vereinbart wurde. Damit begann man, Streitfälle, die noch gar nicht vorhanden waren, der Kompetenz der Schiedsgerichtsbarkeit zu unterwerfen, und sicherte damit in erhöhtem Maße deren Funktion. Italien war es, das nach dieser Richtung unter dem Einflusse Mancinis bahnbrechend voranging und seit 1873 diese spezielle Kompromißklausel in An= wendung brachte. England, Spanien, Belgien, Frankreich und die Niederlande folgten, und bald fand diese Klausel auch in den großen internationalen Vereinbarungen, wie im Weltpostvertrag (4. Juli 1891), in der Konvention über die Eisenbahnfrachten=Union (14. Oktober 1890), in den Generalakten der Berliner Konferenz von 1885, in den Generalakten der Brüsseler Konferenz zur Bekämpfung des Negerhandels (2. Juli 1890) ihre Anwendung.

Immerhin bezog sich diese Art der Kompromißklausel nur auf bestimmte Streitigkeiten, soweit sich diese nämlich aus der Materie eines bestimmt abgegrenzten Vertrages ergeben konnten.

2*

Es war daher ein weiterer Fortschritt, als man daran ging, durch die allgemeine Kompromißklausel die Kompetenz des Schiedsgerichtes und dessen Zusammensetzung für alle später eventuell auftretenden Streitigkeiten, sofern man nicht gewisse Ausnahmen aufstellte, in die verschiedenen Staatsverträge aufzunehmen. Diese Klausel findet man gewöhnlich als Anhang zu Staatsverträgen allgemeiner Natur, bei Handels=, Schiffahrts=, Freundschaftsverträgen usw. Zuerst brachten sie die kleineren amerikanischen Republiken in ihren verschiedenen Verträgen zur Anwendung, aber auch europäische Staaten verschmähten es nicht, diese Schiedsbestimmungen allgemeiner Natur in ihren Verträgen mit überseeischen Staaten einzufügen. So finden wir sie in dem Freundschafts=, Handels= und Schiffahrtsvertrag zwischen Frankreich und Korea (4. Juni 1886), in dem Vertrag der Schweiz mit dem Kongostaate (16. November 1899), zwischen Belgien und Venezuela (26. November 1887), zwischen Spanien und Peru (14. August 1897). Nur zwei europäische Staaten haben diese allgemeine Kompromißklausel untereinander in Anwendung gebracht, nämlich Portugal und die Niederlande in ihrem am 5. Juli 1894 abgeschlossenen Handelsvertrag, der in seinem VII. Artikel „alle Fragen oder Streitigkeiten, die über Interpretation und Ausführung dieser Deklaration und selbst über jede andere Frage entstehen könnten", abgesehen von verschiedenen Ausnahmen, einem Schiedsgericht unterwirft.

Eröffnet die allgemeine Kompromißklausel der Schieds= gerichtsbarkeit schon den weitesten Spielraum, indem sie die Kompetenz des Schiedsgerichtes nicht mehr für gewisse Vertrags= materien begrenzt, sondern über diese hinaus erweitert, so läßt sie das Schiedsprinzip immerhin noch in den Hintergrund treten, da sie nur als Anhang zu irgendeinem anderen Vertrag er= scheint. Ein weiterer Fortschritt war daher, als man Verträge abzuschließen begann, in denen die Unterwerfung gewisser umfangreicher Streitmaterien unter die Schiedsgerichtsbarkeit nicht mehr einen Anhang, sondern den Tenor des Vertrages bildete, wie dies bei den ständigen Schiedsverträgen der Fall ist, die die Schiedsgerichtsbarkeit über alle künftigen und über alle vorher abgeschlossenen Verträge hinweg zur Vertragspflicht der kontrahierenden Staaten erheben. Auch hier war es Amerika, das bahnbrechend voranging. Der erste ständige Schiedsvertrag

wurde von den Republiken Zentralamerikas im Jahre 1872 ab=
geschlossen.

Von besonderem Einfluß auf die Entwickelung der ständigen
Schiedsgerichtsbarkeit war jedoch die erste panamerikanische
Konferenz, die von 1889/90 in Washington tagte und auf der
Vertreter fast sämtlicher Staaten des amerikanischen Kontinents
einen Vertrag unterzeichneten, der für die Streitigkeiten der
amerikanischen Staaten untereinander das Schiedsgericht obli=
gatorisch machen sollte. Der Vertrag trat zwar nicht in Kraft,
denn die Mehrzahl der Regierungen unterließ es, ihn zu rati=
fizieren; immerhin bedeutete er einen großen prinzipiellen Fort=
schritt, zumal er auch den Anlaß bot, daß der Gedanke in
Europa aufgenommen und Gegenstand einer lebhaften Agitation
zugunsten der Schiedsidee wurde. Der Artikel XIX jenes Ver=
trages stellte nämlich den Zutritt zu dem amerikanischen Schieds=
abkommen auch den europäischen Staaten frei, und auf Grund
dieses Artikels ließ der Präsident der Vereinigten Staaten den
Vertrag verschiedenen europäischen Staaten notifizieren und sie
zum Eingehen eines Schiedsvertrages mit den Vereinigten
Staaten einladen. In den verschiedensten Parlamenten Europas
kam diese Einladung zur Erörterung und zeitigte fast überall
Diskussionen und Abstimmungen, die sich der Schiedsidee sehr
sympathisch zeigten. (Siehe Kap. V.) Als einziges praktisches
Ergebnis dieser Beratungen ist der Abschluß eines ständigen
Schiedsvertrages zu verzeichnen, an dem zum erstenmal ein
europäischer Staat beteiligt war, nämlich die am 23. Juli 1898
erfolgte Unterzeichnung des italienisch=argentinischen stän=
digen Schiedsvertrages, in dem alle zwischen den beiden
Staaten bestehenden und künftig sich ergebenden Streitigkeiten
der Schiedsgerichtsbarkeit unterworfen wurden.

Das Jahr 1899 brachte die Haager Konferenz[1]), auf
der bekanntlich die Vertreter von 26 Regierungen das Schieds=
gericht als das beste Mittel zur Schlichtung internationaler
Streitigkeiten erklärten, und aus deren Beratungen ein stän=
diger internationaler Schiedshof hervorging, der bei der
zunehmenden Schiedspraxis berufen erscheint, in Zukunft eine
große Rolle zu spielen. Der Schiedshof sollte den Staaten
zur Schlichtung ihrer Streitfälle zur Verfügung stehen, so oft

---

1) Siehe das nächstfolgende Kapitel.

sie ihn benützen wollen, ohne daß irgendwie ein Zwang zu dessen Benützung bestimmt werden konnte. Die Schieds= gerichtsbarkeit als solche blieb zwischen den Kontraktstaaten der Haager Konferenz nach wie vor fakultativ, wenn diesen auch durch den § 19 des Übereinkommens freigestellt wurde, unter sich bindende Schiedsverträge zu schließen. Als Anstoß zu einer Weiterentwickelung des Schiedsgedankens und zu einer Vervoll= kommnung der Schiedspraxis zeigte sich das Institut des Haager Gerichtshofes gar bald von hoher Bedeutung.

Schon zwei Jahre später konnte dieser fördernde Einfluß des Haager Werkes beobachtet werden, als im Oktober 1901 die Vertreter aller amerikanischen Staaten zu Mexiko zur zweiten panamerikanischen Konferenz zusammentraten. Zwar gelang es auch diesmal noch nicht, einen vollkommenen und allgemeinen panamerikanischen Schiedsvertrag zustande zu bringen, doch kam man schon um ein bedeutendes weiter, als 12 Jahre vorher in Washington. Am 29. Januar 1902 kam es vor= läufig wenigstens zwischen neun amerikanischen Staaten (Argen= tinien, Bolivien, San Domingo, Guatemala, San Salvador, Mexiko, Paraguay, Peru und Uruguay) zu einem ständigen Schiedsvertrage, wonach alle zwischen diesen Staaten künftig entstehenden Streitigkeiten der Kompetenz des Haager Schieds= hofes zu unterwerfen sind, und in einem Vertrag, den 17 amerikanische Staaten am 30. Januar 1902 unterzeichneten (außer den genannten noch die Vereinigten Staaten, Kolumbien, Costa Rica, Chile, Ecuador, Haiti, Honduras und Nicaragua), wurde der Haager Schiedshof für alle Streitigkeiten kompetent erklärt, die aus Geldansprüchen herrühren.

Gleichzeitig folgte eine zweite europäische Macht dem Beispiel Italiens. Spanien benützte die Gelegenheit der zweiten panamerikanischen Konferenz, um mit einer großen Anzahl spanischer Republiken Amerikas ständige Schieds= verträge einzugehen. Am 11. Januar 1902 wurde zunächst ein spanisch=mexikanischer Schiedsvertrag unterzeichnet, der alle Streitigkeiten, mit Ausnahme jener, die die Unabhängigkeit oder die nationale Ehre berühren, der Schiedsgerichtsbarkeit unterwirft; und am 28. Januar 1902 wurden — ebenso wie der erste Vertrag zu Mexiko — ständige Schieds= verträge Spaniens mit San Domingo, Uruguay, Bolivien, Argentinien, Kolumbien, Paraguay, San Salvador zum Ab=

schluß gebracht. In sämtlichen Verträgen wird der Präsident
einer der spanischen Republiken, oder ein aus Spaniern und
Amerikanern zusammengesetztes Tribunal für die Schiedsinstanz
bestimmt, und nur falls über die Wahl der Personen eine
Einigung nicht erzielt werden könnte, wurde das Haager Tribunal
zur Entscheidung vorgesehen.

Das Jahr 1902 brachte noch einen interessanten Schieds=
vertrag zwischen zwei amerikanischen Staaten. Chile und
Argentinien schlossen diesen Vertrag am 28. Mai jenes Jahres,
nachdem sie fast über ein Jahrzehnt die heftigsten Kämpfe mit=
einander geführt hatten, und verbanden ihn — es ist dies der erste
Fall in der Geschichte — mit einem Abrüstungsvertrag.

In Europa hatten die ständigen Schiedsabkommen bis dahin
wenig Erfolg zu verzeichnen. Die zwischen Spanien und Italien
einerseits, mit den amerikanischen Staaten anderseits ab=
geschlossenen Verträge konnten das Vertrauen in die ständigen
Schiedsverträge nicht befestigen, da man einwandte, daß die Be=
ziehungen dieser beiden Länder zu den überseeischen Staaten
nicht derartige wären, daß ein Krieg zwischen ihnen zu be=
fürchten wäre, und auch der zwischen Portugal und den Nieder=
landen bestehende Vertrag mit der allgemeinen Kompromiß=
klausel wurde als für die europäischen Großstaaten nicht
mustergültig erachtet, weil auch die Beziehungen dieser beiden
Kleinstaaten derartig lose wären, daß auch hier die Möglichkeit
eines Krieges nicht gegeben erschien. Ein obligatorisches Schieds=
abkommen zwischen europäischen Großstaaten wurde vielfach als
mit den Interessen und der souveränen Machtstellung jener
Staaten nicht für vereinbar gehalten.

Am 14. Oktober 1903 wurde nun die Welt durch die
Nachricht überrascht, daß England und Frankreich, zwei
Staaten, deren Rivalität bisher offenkundig war, einen ständigen
Schiedsvertrag abschlossen, wodurch sie auf die Dauer von fünf
Jahren vorerst alle juristischen Streitigkeiten, mit Ausnahme
solcher Differenzen, die die vitalen Interessen beider Länder,
deren Ehre oder Unabhängigkeit berührten, unter Bezugnahme
auf den oben erwähnten § 19 der Haager Konventionen[1]),
dem Haager Schiedshof zur Erledigung unterwarfen. Damit
war auch für Europa das Eis gebrochen.

---

1) Siehe darüber im nächstfolgenden Kapitel.

In rascher Reihenfolge folgten alsdann ähnliche, mit dem englisch=französischen Vertrage fast gleichlautende Schiedsverträge, die die verschiedensten europäischen Staaten unter sich, wie mit den Vereinigten Staaten von Nordamerika, mehreren süd= amerikanischen Staaten und Japan zum Abschluß brachten; im ganzen nicht weniger als 64.

Der fast gleiche Text dieser Verträge und ihre gleichmäßige Bezugnahme auf § 19 der Haager Konventionen läßt diese europäische Schiedsvertragsaktion als eine Ergänzung des Haager Werkes erkennen.

Der Höhepunkt der Entwickelung wird aber durch die am 12. Februar 1904 zwischen Dänemark und den Niederlanden und die am 16. Dezember 1905 zwischen Dänemark und Italien abgeschlossenen Schiedsverträge bewirkt, die die Kompetenz des Haager Schiedsgerichtes auf alle Fälle, ohne jede Reserve, erweitern und den übrigen Staaten den Zutritt zu dieser Kon= vention freistellen.

Einen weiteren Fortschritt bedeutet der zwischen Schweden und Norwegen im Oktober 1905 abgeschlossene Schiedsvertrag, der zwar die „vitalen Interessen" beider Staaten aus dem Bereiche des Vertrages ausschließt, jedoch bestimmt, daß der Haager Schiedshof eventuell berufen sein soll, zu entscheiden, ob eine vorliegende Streitfrage die vitalen Interessen eines der beiden Länder berühre oder nicht.

Im Jahre 1904 wurde vom Präsidenten Roosevelt der Zusammentritt einer zweiten Haager Konferenz angeregt, für die die russische Regierung im Jahre 1906 die Einladungen versandte und die nunmehr im Sommer des Jahres 1907 im Haag eröffnet werden soll. (Siehe im nächstfolgenden Kapitel.) Auf dieser Konferenz, an der auch sämtliche südamerikanischen Staaten teilnehmen werden, ist eine Erweiterung der Schieds= abkommen in dem Sinne ins Auge gefaßt, als nunmehr ein gemeinsamer internationaler Schiedsvertrag mit bindender Wirkung für gewisse Streitfälle abgeschlossen werden soll. Mittlerweile hat vom 23. Juli bis 28. August 1906 zu Rio de Janeiro die III. panamerikanische Konferenz getagt, an der sämtliche Staaten des amerikanischen Kontinents be= teiligt waren. Diese Konferenz hat den in Mexiko ab= geschlossenen Schiedsvertrag (siehe oben) bis zum Jahre 1912 verlängert und hat die prinzipielle Zustimmung der ameri=

kanischen Republiken zu einem im Haag abzuschließenden all=
gemeinen Schiedsvertrag erteilt.

Man wird zugeben müssen, daß die Entwickelung der
Schiedsgerichtsbarkeit in rapider Weise vor sich geht. Von der
gelegentlichen und völlig freiwilligen Inanspruchnahme schieds=
richterlicher Entscheidungen zu Anfang des vorigen Jahrhunderts
geht die aufsteigende Linie zu vertraglichen Vorausbestimmungen
solcher Entscheidungen für gewisse Vertragsmaterien, weiter zu
solchen Vorausbestimmungen allgemeiner Natur im Anhange
an speziellen Verträgen, dann zur Abschließung besonderer
Schiedsverträge. Wir sehen diese Schiedsverträge erst völlig
fakultative Bestimmungen treffen, dann obligatorische Bindungen
für gewisse Materien anerkennen, bald sehen wir auch Ver=
träge, die keine Reserve kennen, sondern alle eventuell vor=
kommenden Streitfälle der Schiedsgerichtsbarkeit unterwerfen.
Die Entwickelung geht weiter. Ein ständiger Schiedshof wird
errichtet. Daran knüpft sich eine Reihe von Verträgen, die
einzelne Länder untereinander abschließen mit der Verpflichtung,
die fakultative Benützung des ständigen Schiedshofes für gewisse
Materien obligatorisch zu machen. Es treten Länder auf,
die die obligatorische Anrufung des Schiedshofes für alle
Streitigkeiten feststellen, und endlich erblicken wir die Wahr=
scheinlichkeit, daß diese bislang nur zwischen einzelnen Ländern
abgeschlossenen Verträge zu einem allgemeinen Vertrag
der Staatengemeinschaft erhoben werden, wie dies bereits
zwischen den amerikanischen Staaten schon geschehen ist.
Aber auch die Qualität der solche ständige Schiedsverträge
schließenden Staaten deutet auf einen Fortschritt der Schieds=
gerichtsbarkeit hin. Zuerst sind es nur einzelne amerikanische
Kleinstaaten untereinander, dann sind es einige europäische
Mächte, die mit überseeischen Staaten solche Verträge ab=
schließen. Schließlich beginnen die europäischen Mächte unter=
einander diese Verträge abzuschließen. Es folgt ein allgemeiner
Vertrag amerikanischer Staaten und in Aussicht steht nun ein
allgemeiner Vertrag, an dem in erster Linie die europäische
Staatengemeinschaft beteiligt sein wird.

Dieser fortschreitende Aufstieg des inneren Wertes der
Schiedsgerichtsbarkeit und ihrer Organisation bezeichnet aufs
klarste die Entwickelung der vor sich gehenden Organisation
der Kulturgemeinschaft.

Tabelle der seit der Haager Friedenskonferenz
abgeschlossenen ständigen Schiedsverträge.

1. 1899   6.   XI. Argentinien - Paraguay.
2. 1901 21.   IX. Bolivien - Peru.
3. 1902 11.   I. Spanien - Guatemala.
4.   =   11.   I. Spanien - Mexiko.
5./7. =   28.   I. Spanien - Argentinien
             =   - Bolivien.
             =   - Kolumbien.
8./11. =   28.   =   - Paraguay.
             =   - San Domingo.
             =   - Salvador.
             =   - Uruguay.
12.   =   29.   I. Panamerikanischer Vertrag zu Mexiko
             zwischen: Argentinien - Bolivien - Guate-
             mala - Mexiko - Paraguay - Peru - San Do-
             mingo - Salvador - Uruguay.
13.   =   30.   I. Panamerikanischer Vertrag zu Mexiko
             zwischen den vorhergehend genannten
             Staaten und außerdem: Vereinigten
             Staaten - Columbien - Costa Rica - Chile,
             Ecuador - Haiti - Honduras und Nicaragua.
14.   =   28.   V. Argentinien - Chile. (Dieser Schiedsvertrag
             ist mit einem Abrüstungsvertrag ver-
             bunden.)
15.   =   —.   V. Mexiko - Persien.
16. 1903 14.   X. Frankreich - Großbritannien.
17.   =   25. XII. Frankreich - Italien.
18. 1904   5.   II. Großbritannien - Italien.
19.   =   12. III. Dänemark - Niederlande.
20.   =   26.   II. Spanien - Frankreich.
21.   =   27.   II. Spanien - Großbritannien.
22.   =   6.   IV. Frankreich - Niederlande.
23.   =   31.   V. Spanien - Portugal.
24.   =   9. VII. Frankreich - Schweden = Norwegen.
25.   =   11. VII. Deutschland - Großbritannien.
26.   =   11.VIII. Großbritannien - Schweden = Norwegen.
27.   =   30.   X. Belgien - Rußland.
28.   =   1.   XI. Vereinigte Staaten - Frankreich.
29.   =   15.   XI. Belgien - Schweiz.

30. 1904 16. XI. Großbritannien - Portugal.
31. =   16. XI. Großbritannien - Schweiz.
32. =   21. XI. Vereinigte Staaten - Schweiz.
33. =   22. XI. Vereinigte Staaten - Deutschland.
34. =   23. XI. Italien - Schweiz.
35. =   23. XI. Vereinigte Staaten - Portugal.
36. =   30. XI. Belgien - Schweden = Norwegen.
37. =   3. XII. Österreich = Ungarn - Schweiz.
38. =   6. XII. Rußland - Schweden = Norwegen.
39. =   12. XII. Vereinigte Staaten - Großbritannien.
40. =   14. XII. Frankreich - Schweiz.
41. =   14. XII. Vereinigte Staaten - Italien.
42. =   17. XII. Schweden = Norwegen - Schweiz.
43. =   31. XII. Spanien - Vereinigte Staaten.
44. 1905 6. I. Österreich = Ungarn - Vereinigte Staaten.
45. =   11. I. Österreich = Ungarn - Großbritannien.
46. =   20. I. Schweden = Norwegen - Vereinigte Staaten.
47. =   26. I. Belgien - Spanien.
48. =   11. II. Japan - Vereinigte Staaten.
49. =   1. III. Dänemark - Rußland.
50. =   18. IV. Italien - Peru.
51. =   25. IV. Belgien - Dänemark.
52. =   2. V. Belgien - Griechenland.
53. =   6. V. Portugal - Schweden = Norwegen.
54. =   27. V. Belgien - Rumänien.
55. =   7. IX. Argentinien - Brasilien.
56. =   15. IX. Dänemark - Frankreich.
57. =   10. X. Brasilien - Chile.
58. =   25. X. Dänemark - Großbritannien.
59. =   26. X. Schweden - Norwegen.
60. =   18. XI. Italien - Peru.
61. =   4. XII. Dänemark - Spanien.
62. =   16. XII. Dänemark - Italien.
63. =   —. XII. Kolumbien - Peru.
64. 1906 —. III. Österreich = Ungarn - Portugal.

III.

Das Werk vom Haag.

„Mit dieser Schiedsgerichtskonvention ist in der
Tat eine neue Periode in der Entwickelungsgeschichte
des Völkerrechtes angebrochen."
Geh. Rat Prof. von Lißzt, Berlin. In einem
Vortrage 1901.

„Die Haager Konferenz war die erste Konferenz,
die jemals berufen wurde, um Friedensmaßnahmen
zu besprechen ohne Beziehungen auf einen gerade
beendigten Krieg."
Andrew Carnegie,
„F. d. Intern. Schiedsgericht." 1906.

Den großen Wendepunkt in der Entwickelung der Friedensbewegung bedeutet die Einberufung einer internationalen Konferenz der Regierungen nach dem Haag zu dem Zwecke, „den
großen Gedanken des Weltfriedens triumphieren zu lassen über
alle Elemente des Unfriedens und der Zwietracht". Die jahr-
zehntelange Arbeit der Pazifisten hat durch das Zustandekommen dieser Konferenz und deren Ergebnisse die offizielle
Weihe erhalten.

Schon auf die Einberufung der Konferenz waren die
Arbeiten der Pazifisten von großem Einfluß. Das große Werk
des russischen Staatsrats Johann von Bloch († 1902)[1]) über
den „Krieg", das der Zar kennen lernte und über das er mit
dem Verfasser in verschiedenen langwährenden Audienzen kon-
ferierte, nicht minder die Lektüre des Suttnerschen Romans
„Die Waffen nieder!" seitens des Zaren haben den Anlaß zu jenem
historischen Manifest gegeben, das am 24. August 1898 vom
Minister Murawieff den in Petersburg beglaubigten diplomatischen
Vertretern übermittelt und am 28. August im russischen „Regie-
rungsboten" veröffentlicht wurde. Es hat folgenden Wortlaut:

„Die Aufrechterhaltung des allgemeinen Friedens und eine
mögliche Herabsetzung der übermäßigen Rüstungen, welche auf

---

1) Siehe Kapitel V.

allen Nationen lasten, stellen sich in der gegenwärtigen Lage
der ganzen Welt als ein Ideal dar, auf das die Bemühungen
aller Regierungen gerichtet sein müßten. Das humane und
hochherzige Streben Sr. Majestät des Kaisers, meines erhabenen
Herrn, ist ganz dieser Aufgabe gewidmet. In der Überzeugung,
daß dieses erhabene Endziel den wesentlichen Interessen und
den berechtigten Wünschen aller Mächte entspricht, glaubt die
kaiserliche Regierung, daß der gegenwärtige Augenblick äußerst
günstig dazu sei, auf dem Wege internationaler Beratung die
wirksamsten Mittel zu suchen, um allen Völkern die
Wohltaten wahren und dauernden Friedens zu sichern,
und vor allem der fortschreitenden Entwickelung der
gegenwärtigen Rüstungen ein Ziel zu setzen. Im Ver-
laufe der letzten 20 Jahre hat der Wunsch nach einer allgemeinen Beruhigung in dem Empfinden der zivilisierten Nationen
besonders festen Fuß gefaßt. Die Erhaltung des Friedens ist
als Endziel der nationalen Politik aufgestellt worden. Im
Namen des Friedens haben große Staaten mächtige Bündnisse
miteinander geschlossen. Um den Frieden besser zu wahren,
haben sie in bisher unbekanntem Grade ihre Militärmacht entwickelt und fahren fort, sie zu verstärken, ohne vor irgendeinem Opfer zurückzuschrecken. Alle ihre Bemühungen
haben dennoch noch nicht das segensreiche Ergebnis
der ersehnten Friedensstiftung zeitigen können. Da
die finanziellen Lasten eine steigende Richtung verfolgen und die Volkswohlfahrt an ihrer Wurzel treffen,
so werden die geistigen und physischen Kräfte der
Völker, die Arbeit und das Kapital, zum großen Teile
von ihrer natürlichen Bestimmung abgelenkt und in
unproduktiver Weise aufgezehrt. Hunderte von Millionen
werden aufgewendet, um furchtbare Zerstörungsmaschinen zu
beschaffen, die heute als das letzte Wort der Wissenschaft betrachtet werden und schon morgen dazu verurteilt sind, jeden
Wert zu verlieren, infolge irgendeiner Entdeckung auf diesem
Gebiet. Die nationale Kultur, der wirtschaftliche Fortschritt
sehen sich in ihrer Entwickelung gelähmt und irregeführt. Daher
entsprechen in dem Maße, wie die Rüstungen einer jeden
Macht anwachsen, diese immer weniger und weniger
dem Zweck, den sich die betreffende Regierung gesetzt
hat. Die wirtschaftlichen Krisen sind zum großen Teil hervor-

gerufen durch das System der Rüstungen bis aufs äußerste,
und die ständige Gefahr, welche in dieser Kriegsstoffansammlung
ruht, macht die Armeen unserer Tage zu einer er=
drückenden Last, welche die Völker mehr und mehr nur
mit Mühe tragen können. Es ist deshalb klar, daß, wenn
diese Lage sich noch weiter so hinzieht, sie in verhängnisvoller
Weise zu eben der Katastrophe führen würde, welche man
zu vermeiden wünscht, und deren Schrecken jeden Menschen schon
beim bloßen Gedanken schaudern machen. Diesen unaufhör=
lichen Rüstungen ein Ziel zu setzen und die Mittel zu
suchen, dem Unheil vorzubeugen, das die ganze Welt
bedroht, das ist die höchste Pflicht, welche sich heut=
zutage allen Staaten aufzwingt. Durchdrungen von diesem
Gefühl, hat Se. Majestät geruht, mir zu befehlen, daß ich
allen Regierungen, deren Vertreter am kaiserlichen Hofe akkre=
ditiert sind, den Zusammentritt einer Konferenz vor=
schlage, welche sich mit dieser ernsten Frage zu beschäftigen hätte.
Diese Konferenz würde mit Gottes Hilfe ein günstiges Vor=
zeichen des kommenden Jahrhunderts sein. Sie würde in einem
mächtigen Bündel die Bestrebungen aller Staaten vereinigen,
welche aufrichtig darum bemüht sind, den großen
Gedanken des Weltfriedens triumphieren zu lassen
über alle Elemente des Unfriedens und der Zwietracht.
Sie würde zugleich ihr Zusammengehen besiegeln durch eine
solidarische Weihe der Prinzipien des Rechtes und der Gerechtig=
keit, auf denen die Sicherheit der Staaten und die Wohlfahrt
der Völker beruht."

Die Aufnahme dieser Kundgebung war keineswegs eine
enthusiastische. Mit Ausnahme der Pazifisten, die darin ihre
Ansichten ausgedrückt fanden, brachte die öffentliche Meinung
der Anregung nur wenig Sympathie entgegen. Die Presse be=
kämpfte sie fast einstimmig, und vielfach wurde der Verdacht
laut, daß die Kundgebung nichts weiter als eine Falle der
russischen Diplomatie sei.

Bezeichnenderweise beschäftigt sich dieses Manifest nur mit
der Rüstungsfrage, also mit den Symptomen der internationalen
Anarchie und erwähnt noch nicht die Mittel, die ergriffen werden
müßten, um die Folgen dieser Anarchie zu bannen.

Das zweite Rundschreiben, das der russische Minister des
Auswärtigen, Graf Murawieff, am 11. Januar 1899 an die

Mächte erließ, bringt hingegen konkretere Vorschläge. Es spricht zwar von einer allgemein sympathischen Zustimmung, die infolge der ersten Kundgebung seitens der Regierungen eingegangen ist, macht aber in dem nunmehr mitgeteilten Programm der einzuberufenden Konferenz sichtliche Konzessionen, die nicht gerade auf eine ungeteilte Zustimmung der ersten Anregung schließen lassen.

Dieses Programm enthält acht Punkte, von denen Punkt 2 bis 7 als Regulative der Kriegführung bezeichnet werden können. Der erste Punkt spricht von einem „Abkommen über den Stillstand der Präsenzstärke des Landheeres und der Marine auf eine bestimmte Zeit, um das Budget zu erleichtern. Vorprüfung der Mittel und Wege, um später auch zu einer Herabsetzung der Effektivbestände und Militäretats zu kommen."

Der achte Punkt des Programms spricht endlich von der „Annahme der Guten Dienste, der Vermittelung und der wahlfreien (fakultativen) Schiedssprechung als kriegvorbeugende Mittel". Mit diesem Programmpunkte war die Möglichkeit gegeben, die internationalen Beziehungen einer friedlichen Organisation zuzuführen.

Das Programm erweckte in der öffentlichen Meinung nicht mehr Sympathie als der erste Aufruf. Die Presse fast aller Länder wandte sich feindselig gegen den Zusammentritt der Konferenz, und in den Parlamenten brachten die politischen Parteien ihre Skepsis oder ihre gegnerische Haltung recht deutlich zum Ausdruck. Nur die Friedensfreunde unternahmen es, in allen Ländern Sympathiekundgebungen für den Zusammentritt der Konferenz, der ihnen fraglich erschien, zu veranstalten, und es gelang ihnen auch, die Zustimmung recht bedeutender Personen in großer Anzahl zu erlangen.

Als Konferenzort wurde der Haag vorgeschlagen. Man hatte Scheu, der Konferenz die Hauptstadt einer Großmacht als Sitz zu bestimmen. Die niederländische Regierung erließ am 6. April 1899 die Einladungen, und am 18. Mai 1899 trat die Konferenz in dem ihr zur Verfügung gestellten „Haus im Busch", einem alten, künstlerisch ausgestatteten und malerisch schön gelegenen Schlosse, im Haag zusammen.

26 Regierungen (bzw. 28 Staaten) hatten ihre Vertreter geschickt. Es waren dies: Deutschland, Österreich-Ungarn, Belgien, China, Dänemark, Spanien, die Vereinigten

Staaten von Amerika, Mexiko, Frankreich, England, Griechenland, Italien, Japan, Luxemburg, Montenegro, Holland, Persien, Portugal, Rumänien, Rußland, Serbien, Siam, Schweden und Norwegen, die Schweiz, die Türkei und Bulgarien.

Unter den Delegierten, deren jeder Staat mehrere sandte (bis zu 13!), befanden sich hervorragende Diplomaten, Völkerrechtsjuristen, Militärpersonen.

Zur Bewältigung der Arbeit wurde der gesamte Beratungsstoff drei Kommissionen überwiesen.

Der ersten Kommission, die unter dem Vorsitz des belgischen Staatsministers und Senatspräsidenten Beernaert stand, fielen die ersten vier Punkte des Programms zu, die Beratung über die Rüstungsbeschränkungen und das Verbot gewisser Waffen und Zerstörungsmittel für den Land- und Seekrieg. Diese Kommission gliederte sich noch in zwei Unterkommissionen, in eine allgemein militärische und eine Marine-Unterkommission.

Der zweiten Kommission, die unter dem Vorsitz des russischen Völkerrechtsjuristen Professor von Martens stand, wurden die Programmpunkte 5 bis 7 zugewiesen, die sich mit humanitären Verbesserungen der Gebräuche im Land- und Seekrieg befaßten.

Der dritten Kommission fiel schließlich der Punkt 8 des Programms über die friedlichen Mittel zur Beilegung internationaler Streitigkeiten, somit der Hauptpunkt der Konferenz zu. Diese Kommission stand unter dem Vorsitz des französischen Staatsmannes Bourgeois. Sie wählte noch ein besonderes Arbeitskomitee, das die Beschlüsse vorzubereiten hatte.

Das Ergebnis der zahlreichen Sitzungen der Kommissionen, wie der zehn Plenarsitzungen wurde im Schlußakt, der am 29. Juli 1899 unterzeichnet wurde, niedergelegt. Dieser Schlußakt enthält drei Konventionen, drei Deklarationen, eine Resolution und sechs Wünsche.

Die drei Konventionen sind:

1. Die Konvention zur friedlichen Beilegung internationaler Konflikte.

2. Die Konvention betreffend die Gesetze und Gebräuche des Landkrieges.

3. Die Konvention über die Anwendung der Grundsätze der Genfer Konvention auf den Seekrieg.

Die drei Erklärungen beziehen sich entsprechend der
Punkte 2 bis 4 des russischen Programms:

1. auf das Verbot des Werfens von Geschossen und Spreng=
stoffen aus Luftschiffen.

2. das Verbot der Verwendung von Geschossen mit giftigen
Gasen.

3. das Verbot von Geschossen, die sich leicht im mensch=
lichen Körper deformieren. (Dum=Dum=Kugeln.)

Die erste Erklärung wurde nur auf die Dauer von fünf
Jahren beschlossen, ist also heute bereits verjährt, da eine Ver=
längerung nicht erfolgte.

Die Resolution hat folgenden Wortlaut:

„Eine Beschränkung der zurzeit die ganze Menschheit
bedrückenden Militärlasten ist für die Förderung des materiellen
und moralischen Wohles der Menschheit höchst wünschenswert."

Die sechs Wünsche beziehen sich auf folgende Materien:

1. baldiger Zusammentritt einer Konferenz zur Revision
der Genfer Konvention. (Diese Konferenz trat 1906 in
Genf zusammen.)

2. 5. und 6. drücken den Wunsch aus, daß eine spätere
Konferenz die Rechte und Pflichten der Neutralen, die
Unverletzlichkeit des Privateigentums zur See und das
Recht zur Beschießung von Häfen, Städten und Dörfern
durch Kriegsschiffe beraten möchte.

3. Herstellung eines Einvernehmens über die Anwendung
neuer Muster und Kaliber von Gewehren und Marine
kanonen.

4. Prüfung über die Möglichkeit einer Einschränkung der
bewaffneten Land= und Seemacht.

Die Ratifikation der Haager Konventionen wurde von
den meisten Mächten am 4. September 1900 im Haag hinter=
legt. Mit Ausnahme der Türkei haben alle Mächte ratifiziert.
Zuletzt China am 21. November 1904. Die zweite Konvention
haben die Schweiz und China nicht unterzeichnet, Schweden und
Norwegen nicht ratifiziert. Von den drei Erklärungen wurden
alle drei von England, die zweite und dritte von den Ver=
einigten Staaten und die dritte von Portugal nicht unter=
zeichnet.

Das Ergebnis der Arbeiten in den drei Kommissionen war folgendes: Die erste Kommission konnte zu einer Einigung über den Rüstungsstillstand nicht gelangen. Nach sehr interessanten Debatten wurden die oben erwähnte „Resolution" und der „Wunsch" Nr. 4 formuliert, wodurch die Notwendigkeit einer Rüstungsverminderung wenigstens prinzipiell anerkannt wurde. Der Gedanke, daß sich eine spätere Konferenz mit dem schwierigen Problem befassen möge, fand verschiedentlichen Ausdruck. Diese Kommission formulierte außerdem die drei Erklärungen und nahm noch die Wünsche 2 bis 6 an.

Die zweite Kommission arbeitete die zweite und dritte Konvention aus und formulierte den „Wunsch" Nr. 1.

Die dritte Kommission arbeitete die erste Konvention über die friedliche Beilegung internationaler Streitigkeiten aus. Dieses Abkommen ist für die Friedensentwickelung der Menschheit von größter Bedeutung; es enthält eine wichtige Weiterbildung des internationalen Friedensrechtes und bedeutet den Hauptfortschritt der Haager Konferenz.

Dieses Abkommen zerfällt wieder in vier Teile (Titel). Der 1. Titel enthält die Eingangsformel, der 2. Titel handelt von den Guten Diensten und der Vermittelung, der 3. Titel von den internationalen Untersuchungskommissionen, der 4. Titel endlich von der internationalen Schiedsgerichtsbarkeit.

Die als 1. Titel bezeichnete Eingangsformel des friedensrechtlichen Abkommens lautet:

„In der Absicht, so viel als möglich der Anwendung der Gewalt in den gegenseitigen Beziehungen der Staaten vorzubeugen, kommen die Mächte dahin überein, alle Anstrengungen aufzubieten, um die friedliche Beilegung internationaler Streitigkeiten zu sichern."

Diese Eingangsformel ist mit ihrer prinzipiellen Anerkennung der friedlichen Streitbeilegung, als offizielle Erklärung der versammelten Vertreter fast der ganzen Kulturwelt, bereits ein wichtiges Ergebnis.

Der Titel 2 mit den Artikeln 2 bis 8 befaßt sich mit den Guten Diensten und der Vermittelung.

Diese Behelfe zur Aufrechterhaltung des Friedens sind schon ältere Bestandteile des Völkerrechtes. Der Haager Konferenz blieb es nur vorbehalten, ihre Anwendung zu erleichtern. So kommen die Staaten im Artikel 2 überein, „im Falle einer ernsten Meinungsverschiedenheit oder eines Streites, bevor sie zu den Waffen greifen, die Guten Dienste oder die Vermittelung einer befreundeten Macht anzurufen". Die Anrufung wird dadurch zu einer Vertragspflicht. Abgeschwächt wurde die Bestimmung jedoch durch die eingefügte Klausel „soweit es die Umstände gestatten werden".

Der Artikel 3 erleichtert das Anbieten der Vermittelung, da erfahrungsgemäß die Anrufung der Vermittelung bis jetzt nicht stattfand, weil sie als ein Zeichen der Schwäche angesehen werden könnte. Die Signatarmächte erklären das Anbieten der Vermittelung „für nützlich", allerdings auch nur „soweit die Umstände sich hierfür eignen". Hingegen stellt dieser Artikel fest, daß die am Streite nicht beteiligten Staaten auch während des Ganges der Feindseligkeiten „das Recht" haben, ihre Guten Dienste und die Vermittelung anzubieten, und daß „die Ausübung dieses Rechtes von einem der streitenden Teile niemals als eine unfreundliche Handlung" angesehen werden kann. Das sind wichtige Neuerungen und wertvolle Bereicherungen des Friedensrechtes.

Artikel 4 bestimmt die Rolle des Vermittlers, die lediglich darin besteht, „einander entgegengesetzte Ansprüche auszugleichen und Verstimmungen zu beheben, die zwischen den im Streite befindlichen Staaten entstanden sind", sie haben daher, wie Artikel 6 ausführt, „ausschließlich die Bedeutung eines Rates und niemals verbindliche Kraft", ganz gleichgültig, ob die Vermittelung nur auf Anrufung oder durch Anerbieten erfolgte. Der Artikel 5 bestimmt, daß die Funktionen des Vermittlers in dem Augenblicke aufhören, wo festgestellt ist, daß seine Vermittelungsvorschläge nicht angenommen werden. Auch kann nach Artikel 7 die Vermittelung die Vorbereitung zum Kriege nicht hemmen.

Eine ganz neue Art der Vermittelung wird durch den Artikel 8 in das Völkerrecht eingeführt. Dieser Artikel wurde durch einen Vorschlag des amerikanischen Vertreters Holls angeregt. Diese besondere Art der Vermittelung, die die Rolle des Duellsekundanten auf die Staatenstreitigkeiten überträgt, wurde „unter Umständen, die sie gestatten sollten", wie es in den Eingangsworten dieses Artikels heißt, „empfohlen". Der Artikel sei wegen seiner besonderen Wichtigkeit in seinen wesentlichen Teilen hier wörtlich wiedergegeben:

3*

„Im Falle eines schweren, den Frieden gefähr=
denden Streitfalles wählen die streitenden Staaten je
eine Macht, welcher sie die Legitimation erteilen, sich in
direkte Beziehungen mit der von dem anderen Teile erwählten
Macht zu setzen, zum Zwecke, dem Abbruche der friedlichen
Beziehungen vorzubeugen.

Während der Dauer dieses Mandates, welches, wenn
nichts vereinbart ist, dreißig Tage nicht überschreiten darf,
verzichten die streitenden Staaten auf jede direkte Verhand=
lung miteinander über den Gegenstand des Streites, der so
angesehen wird, als ob er (seine Erledigung) ausschließlich
den vermittelnden Mächten übertragen wäre; diese sollen alle
Bemühungen aufwenden, den Streitfall beizulegen.

Brechen die friedlichen Beziehungen endgültig ab, so
verbleibt diesen Mächten gemeinsam die Legitimation, jede
Gelegenheit zur Wiederherstellung des Friedens wahrzunehmen."

Dieser Punkt erscheint, obwohl seine Beachtung den Staaten
freigestellt ist, doch als eine der wichtigsten Errungenschaften
der Haager Konferenz, da er jene Bestrebungen in das Völker=
recht eingeführt hat, die zunächst darauf ausgehen, den Einfluß
jener gefährlichen Atmosphäre abzuschwächen, die sich natur=
gemäß zwischen zwei Staaten einstellt, die einem „schweren, den
Frieden gefährdenden Streitfall" gegenüberstehen. So wahlfrei
die damit gebotene Möglichkeit einer Verhinderung des Krieges
auch ist, ist doch die Möglichkeit geboten, daß sich streitende
Staaten ihrer einmal erinnern und eine friedliche Streiterledigung
herbeiführen.

Titel 2 mit den Artikeln 9—14 befaßt sich mit den
„Internationalen Untersuchungskommissionen".

Ebenso wie Artikel 8 gehören diese Untersuchungskommissionen
zu jenen Bestrebungen, die die Beruhigung der erregten öffent=
lichen Meinung zwischen zwei im Streit befindlichen Staaten
als eine gewichtige Vorbedingung einer friedlichen Erledigung
ernster Streitfälle betrachten. Die Anregung zu diesen Bestim=
mungen sind dem russischen Völkerrechtsjuristen Prof. v. Martens
zu verdanken. Den Zweck dieser Kommissionen gibt der Artikel 9
an. Er lautet:

„In internationalen Streitfällen, welche weder die Ehre
noch wesentliche Interessen betreffen, und die lediglich daher
rühren, daß ein bestimmter Tatbestand verschieden aufgefaßt

wird, erachten es die Signatarmächte für empfehlenswert, daß die Parteien, die sich darüber nicht auf diplomatischem Wege verständigen können, soweit es die Umstände erlauben, eine internationale Untersuchungskommission einsetzen, die beauftragt wird, die Beilegung der Streitfrage durch Aufklärung des Tatbestands mittels unparteiischer und gewissenhafter Prüfung zu erleichtern."

Die Artikel 10—13 stellen die Zusammensetzung, die Prozedur und Kompetenz dieser Kommissionen fest. Im Artikel 14 wird betont, daß der seitens der Kommission zu erstattende Bericht sich nur auf Tatsachen zu beschränken hat und „keineswegs den Charakter eines Schiedsspruches" besitzt. Auf Grund des erstatteten Berichtes soll es nämlich den streitenden Parteien völlig frei stehen, die Angelegenheit diplomatisch zu ordnen, einem Schiedsgerichte zu unterbreiten oder — durch einen Krieg auszutragen.

Diese hochwichtige Institution der Untersuchungskommissionen hat bereits die Feuerprobe in einem sehr ernsten Fall bestanden und hat aller Wahrscheinlichkeit nach dazu beigetragen, einen fürchterlichen Krieg zu verhindern.

In der Nacht vom 21. zum 22. Oktober 1904 hatte die nach Ostasien segelnde baltische Flotte bei Hull englische Schifferboote beschossen. Eine ungeheure Erregung bemächtigte sich ganz Europas. In London und anderen englischen Städten fanden heftige Straßendemonstrationen statt, die eine kriegerische Aktion verlangten. Die gesamte englische Presse war in fieberhafter Aufregung. Die öffentliche Meinung trieb vehement zum Kriege gegen Rußland, da man das Vorgehen der baltischen Flotte für beabsichtigt und für einen Akt brutaler Vergewaltigung hielt und nebenbei die Situation zu einem Kriege gegen das in Ostasien engagierte Rußland für äußerst günstig erachtete. Im entscheidenden Momente erinnerte man sich des Haager Abkommens. Man kam überein, eine internationale Untersuchungskommission einzusetzen. Diese trat am 19. Januar 1905 in Paris zusammen und erstattete am 25. Februar 1905 ihren Bericht. Schon während der Beratungen war die Aufregung verschwunden und damit die Kriegsgefahr beseitigt; um so mehr war dies nach Erstattung des Berichtes der Fall, der feststellte, daß ein entschuldbares Versehen vorlag. Rußland zahlte am 9. März die auf Grund des Berichtes verein-

barte Summe von 65 000 Pfund Sterling zur Entschädigung
der englischen Fischer. Die Haager Konvention hatte den Frieden
erhalten.

Der Titel 4 behandelt endlich das internationale Schieds=
verfahren.

Dieser Titel zerfällt wieder in drei Kapitel. Das erste
Kapitel handelt „Von der internationalen Schiedsjustiz", das
zweite Kapitel „Von dem permanenten Schiedshof", das dritte
Kapitel „Von dem Prozeßverfahren vor dem Schiedsgerichte".

Der Titel 4 enthält das wichtigste Ergebnis der gesamten
Konferenz. Zum erstenmal hat die Mehrzahl der dem Kultur=
kreise angehörenden Staaten gemeinsam das Schiedsgerichts=
problem erörtert, seine Bedeutung konstatiert, seine Anwendung
empfohlen und reguliert, einen permanenten Schiedshof er=
richtet, der den Staaten jederzeit zur Verfügung steht, und ein
internationales Prozeßverfahren festgestellt. Das sind Fort=
bildungen des internationalen Friedensrechtes, deren Wert all=
gemein anerkannt wird.

Im Kapitel 1 „Von der internationalen Schieds=
gerichtsbarkeit" wird in den Artikeln 15—19 der Umfang
der internationalen Schiedsgerichtsbarkeit festgestellt. Der Artikel 15
definiert das Schiedsverfahren als „eine Beilegung von Streitig=
keiten zwischen den Staaten durch Richter ihrer Wahl und auf
der Grundlage der Achtung vor dem Recht". Der Artikel 16
gibt eine Bewertung des Schiedsverfahrens. Er hat folgenden
Wortlaut:

„In Fragen juristischer Natur und in erster Stelle in
Fragen der Auslegung oder Anerkennung von Staatsverträgen
wird das Schiedsverfahren von den Signatarmächten als
das wirksamste und zugleich den Grundsätzen der
Billigkeit am meisten entsprechende Mittel anerkannt,
Streitfälle beizulegen, die nicht auf diplomatischen Wege er=
ledigt werden."

Die Artikel 17 und 18 behandeln die Kompetenz des
Schiedsvertrages und die Verpflichtung, „sich im guten
Glauben dem Schiedsurteil zu unterwerfen".

Bei den äußerst umfangreichen Beratungen der im Kap. 1
einzufügenden Artikel handelte es sich in der Hauptsache darum,
ob die Schiedsgerichtsbarkeit obligatorisch gemacht werden solle.
Der russische Entwurf, der den Verhandlungen zugrunde lag,

hat entgegen dem ruſſiſchen Rundſchreiben vom 11. Januar 1899, das nur von einem fakultativen Schiedsvertrag ſprach, die Schiedsgerichtsbarkeit, mit Ausnahme jener Fälle, wo die Lebensintereſſen und die ſtaatliche Ehre der ſtreitenden Parteien engagiert ſei, obligatoriſch feſtlegen wollen. Die freie Entſcheidung, ob jene Fälle vorliegen, ſollte jedem Staate überlaſſen bleiben, abgeſehen von einer Anzahl beſonders aufgeführter Materien, die unter allen Umſtänden der Schiedsgerichtsbarkeit unterliegen ſollten. Es waren dies namentlich Entſcheidungen über Streitfälle von Staatsangehörigen, über Streitigkeiten bei Auslegung und Anwendung von Verkehrs, Sanitäts und Privatrechtsverträgen und bei Grenzregulierungen.

Faſt alle Staaten wollten nach einigen Modifikationen des Redaktionsausſchuſſes dieſer obligatoriſchen Faſſung beiſtimmen. Nur die deutſche Regierung widerſetzte ſich durch ihren Vertreter, Profeſſor Zorn, dieſer Faſſung, da ſie, wie Profeſſor Zorn ausführte, „die Zeit für eine allgemeine obligatoriſche Schiedsſprechung mangels zureichender Erfahrungen noch nicht für gekommen und die Menſchheit dafür einſtweilen noch nicht für reif" erachtete.

Um nicht das Werk der Konferenz ſcheitern zu laſſen, fügte man ſich dem deutſchen Wunſche, indem man jedoch einen von dem belgiſchen Vertreter, Chevalier Descamps, vorgeſchlagenen Kompromiß annahm, der nach der Abſicht des Antragſtellers in dem Abkommen eine ſichtbare Lücke ſchaffen ſollte, „an welcher man in Zukunft nicht achtlos vorübergehen kann". Dieſer Kompromißvorſchlag fand im Artikel 19 der Konvention Ausdruck. Er hat folgenden Wortlaut:

„Abgeſehen von allgemeinen und beſonderen Staatsverträgen, die ſchon jetzt die Signatarmächte zur Anrufung von Schiedsgerichten verpflichten, behalten ſich dieſe Mächte das Recht vor, ſei es vor oder nach Ratifikation dieſer Akte, neue, allgemeine oder beſondere Abkommen zu treffen zu dem Behufe, das obligatoriſche Schiedsverfahren auf alle Fälle auszudehnen, die einem ſolchen zu unterbreiten ſie für tunlich halten."

Dieſer Artikel hat in der Folge eine große Bedeutung erhalten. Er bildete die Richtſchnur, durch die die obligatoriſche Schiedsgerichtsbarkeit in die Haager Konvention einzog, indem er es einer Reihe von Staaten ermöglichte, die Haager Kon=

ventionen für sich allein im Sinne einer obligatorischen Ver=
einbarung zu erweitern. (Siehe oben Seite 23.)

Im Kapitel 2, das „von dem permanenten Schieds=
hof" handelt, wird in den Artikeln 20—29 die Einrichtung,
Zusammensetzung, Geschäftsordnung und Kompetenz des ständigen
Schiedshofes im Haag bestimmt. Auch über diese Materien gab
es auf der Konferenz sehr lebhafte Debatten. Das Ergebnis,
das in den erwähnten zehn Artikeln niedergelegt wurde, war
schließlich folgendes: Der ständige Schiedshof besteht aus einer
Reihe von den Signatarstaaten auf sechs Jahre ernannten Per=
sonen, deren jeder Staat bis zu vier bestimmt. Für den Fall
eines Streites, der vor dem Haager Hof anhängig gemacht
werden soll, wählen die streitenden Staaten aus der Liste dieser
Personen das Tribunal. Meinungsverschiedenheiten, die sich
bei der Konstituierung des Tribunals ergeben, werden durch den
Artikel 24 geregelt. Der Sitz des Schiedshofes ist der Haag,
doch kann der Sitz, unter Zustimmung der Parteien, vom
Gericht verlegt werden. Im Haag befindet sich ein Bureau,
das als Gerichtsschreiberei dient, das alle Mitteilungen und
Obliegenheiten, die sich auf den Zusammentritt des Schieds=
gerichtes beziehen, zu bewirken hat. Als oberste Behörde des
internationalen Bureaus funktioniert das im Haag beglaubigte
diplomatische Korps, dessen Vorsitz der jeweilige holländische
Minister des Auswärtigen führt. Die Kosten des Bureaus
werden durch gemeinsame Beiträge der Staaten bestritten. Für
das Bureau, das Archiv und die Sitzungen der Tribunale
wird jetzt im Haag ein Palast errichtet, für den der Amerikaner
Carnegie die Kosten gestiftet hat.

Der wichtigste Punkt dieses Kapitels ist der Artikel 27,
der folgenden Wortlaut hat:

„Die Signatarmächte sehen es als ihre Pflicht an,
für den Fall, daß ein Streit zwischen zweien oder mehreren
von ihnen auszubrechen droht, dieselben daran zu erinnern, daß
ihnen die Anrufung des permanenten Gerichtshofes offen steht.

Demgemäß erklären sie, daß die bloße Tatsache, den
streitenden Parteien die Bestimmungen der gegenwärtigen
Konvention ins Gedächtnis zu rufen, und der ihnen erteilte
Ratschlag, sich im höheren Interesse des allgemeinen
Friedens an den permanenten Gerichtshof zu wenden, nur
als Akt Guter Dienste angesehen werden dürfe."

Der Urheber dieses Artikels war der französische Delegierte Baron d'Estournelles, in dessen Absicht es lag, den ständigen Schiedshof in geeigneten Fällen zu empfehlen und die streitenden Staaten durch den Hinweis auf die zu erstrebende Staatengemeinschaft zu einer friedlichen Beilegung ihrer Streitigkeiten zu bringen. Im Protokoll ist zwar ausdrücklich anerkannt worden, daß die hier eingeführte „Pflicht" der Kontraktstaaten nur eine moralische und keine juristische sei, ein Unterschied, der zum Denken Anlaß gibt. Im russisch=japanischen Kriege hat diese Bestimmung versagt. Es ist aber anzunehmen, daß im Laufe der Entwickelung der Unterschied zwischen moralischer und juristischer Pflicht in der Politik immer geringer werden wird, so daß diese Bestimmung des Artikel 27, die viele als den Kernpunkt der ganzen Konvention betrachten, eine erhöhte Bedeutung bekommen wird.

Das Kapitel 3 regelt in den Artikeln 30—57 das Prozeßverfahren vor dem Schiedshof. Diese Abmachungen sollen nur zur Grundlage dienen, wenn andere nicht getroffen werden. Ihre Bedeutung liegt darin, daß damit das internationale Prozeßrecht zum erstenmal kodifiziert erscheint. In 28 Artikeln sind die Verhältnisse der Parteien, der Richter und der Anwälte, wie das Verfahren bei den Verhandlungen und beim Urteil festgesetzt.

Der ersten Konvention sind zum Schluß noch „Allgemeine Bestimmungen" angehängt, die die Artikel 58—61 enthalten. Darin sind Abmachungen über die Unterzeichnung und den eventuellen Rücktritt von der Konvention enthalten, wie (im Artikel 60) Bestimmungen über den Beitritt von Staaten, die an den Haager Beratungen nicht teilgenommen haben. Die Bedingungen, unter denen dies geschehen soll, sollen auf einer späteren Konferenz beschlossen werden. Vorläufig ist also die erste Haager Konvention eine sogenannte „geschlossene" Abmachung. Damit sind aber die Nichtsignatarmächte von der Benutzung des Schiedshofes nicht ausgeschlossen, da er ihnen nach Artikel 26, Abs. 2 ausdrücklich zur Verfügung gestellt ist.

Die im Haag getroffenen Einrichtungen haben bereits fünfmal funktioniert. Einmal eine internationale Untersuchungs=kommission (siehe oben) in dem Streitfall zwischen England und Rußland und viermal der Schiedshof.

Im ersten Falle, der vor dem Schiedshof zur Verhandlung kam, handelte es sich um eine zwischen den Vereinigten

Staaten und Mexiko strittige Geldsumme. Das Schieds=
gericht trat am 15. September 1902 zusammen und fällte am
14. Oktober 1902 sein Urteil, wonach Mexiko zur Zahlung
von ca. 1$\frac{1}{2}$ Millionen Dollars und einer Jahresrente von
ca. 43000 Dollars verpflichtet wurde.

Dieser Schiedsspruch hatte insofern eine große Bedeutung,
als der Streitfall vom Präsidenten Roosevelt nur deshalb zur
Entscheidung gebracht wurde, um den Haager Hof in Funktion
zu setzen. Baron d'Estournelles war es, der im Februar
1902 in Washington den Präsidenten Roosevelt zu dieser Tat
anregte.

Der zweite Fall behandelte die bekannte Geldforderung
einzelner Mächte gegen Venezuela. Deutschland, England
und Italien, die Zwangsmaßregeln gegen Venezuela ergriffen
hatten, verlangten auf Grund ihres Vorgehens eine Voraus=
befriedigung aus den 30 Prozent der vom Präsidenten Castro
zur Verfügung gestellten Zolleinnahmen, während Spanien,
Frankreich, Mexiko, Holland, Schweden, Norwegen, die Ver=
einigten Staaten und Belgien diese Bevorzugung bestritten.
Hier war es wieder Präsident Roosevelt, der den Haager Hof
protegierte, indem er das ihm angebotene Schiedsamt ablehnte
und die Sache nach dem Haag wies. Am 1. September 1903
trat das aus dem russischen Justizminister Murawieff, den
Völkerrechtsjuristen von Martens und von Lammasch be=
stehende Schiedsgericht zusammen und sprach durch Urteil vom
22. Februar 1904 den Blockademächten das Vorrecht auf die
30 Prozent der Hafeneingänge zu.

Im dritten Fall handelte es sich um einen Streit Japans
mit Frankreich, Deutschland und Großbritannien über Aus=
legung von Vertragsbestimmungen bezüglich der Steuerpflicht
der in Japan ansässigen Europäer. Das Schiedsgericht,
das aus dem ehemaligen norwegischen Ministerpräsidenten Gram,
dem französischen Rechtsgelehrten Renault und dem japanischen
Gesandten in Paris, Motono, bestand, trat am 22. Mai 1904
zusammen und fällte am 23. Mai 1905 sein Urteil zuungunsten
Japans.

Im vierten Fall handelte es sich um eine zwischen Frank=
reich und Großbritannien schwebende Differenz über die
Maskatschaluppen. Frankreich machte den Anspruch, in den
Territorialgewässern des Sultanats von Maskat das Protektorat

auszuüben, wodurch es mit England in Konflikt geriet. Das Schiedsgericht, das sich aus den Herren Professoren Lammasch (Wien), Melville=Fuller (Vereinigte Staaten) und dem Jonkheer A. F. de Savorin=Lohmann (Haag) zusammen= setzte, trat am 22. Juli 1905 zusammen und entschied durch Urteil vom 8. August 1905 zugunsten Frankreichs.

Wiederholt kam es schon während der Verhandlungen der Haager Konferenz und nachher in den Beurteilungen des Haager Werkes zum Ausdruck, daß das im Jahre 1899 im Haag Ge= schaffene nur ein Anfang sei. Die Pazifisten bemühten sich daher auch bereits seit langem um den Wiederzusammentritt einer zweiten Haager Konferenz. Bereits auf der interparlamentarischen Kon= ferenz zu Christiania im August 1899 — die Unterschriften auf dem Haager Protokoll waren noch nicht trocken — wurde der Wunsch nach Ausbau dieses Werkes laut. Er wurde eindring= licher wiederholt auf den interparlamentarischen Konferenzen zu Paris 1900 und zu Wien 1903, wie auf den Friedenskongressen zu Paris (1900), Glasgow (1901), Monaco (1902), Rouen (1903). Am 29. September 1904 überreichten die Mitglieder der XII. interparlamentarischen Konferenz, die in jenem Jahre in St. Louis getagt hatte, dem Präsidenten Roosevelt eine von ihnen gefaßte Resolution, worin der amerikanische Präsident ersucht wurde, die Mächte zu einer neuen Friedenskonferenz nach dem Haag einzuladen. Präsident Roosevelt sicherte zu, diesen Wunsch zu erfüllen, und bereits am 31. Oktober jenes Jahres versandte der Staatssekretär Hay an die Vertreter der Union eine Depesche, worin diese beauftragt wurden, mit den Regierungen, bei denen sie beglaubigt sind, wegen Zusammen= tritts einer zweiten Konferenz im Haag zu verhandeln. Die Mächte zeigten sich der Anregung gegenüber sympathisch. Nach Abschluß des Portsmouther Friedens überließ der Präsident Roosevelt dem Zaren auf dessen Verlangen die Initiative für die Konferenz. Am 16. März 1906 versandte die russische Regierung das vorläufige Programm der neuen Konferenz. Diese sollte nun im Sommer 1906 zusammentreten, wurde aber auf Wunsch der amerikanischen Staaten, die für diese Zeit an der III. Panamerikanischen Konferenz beteiligt waren, vertagt. Nun= mehr soll die Konferenz im Sommer 1907 zusammentreten. Ein weiterer Ausbau des internationalen Friedensrechtes wird von ihr erwartet.

IV.
Das Rüstungsproblem.

„Eine Beschränkung der zurzeit die ganze
Menschheit bedrückenden Militärlasten ist für
die Förderung des materiellen Wohles der
Menschheit höchst wünschenswert."
Von den Vertretern von 26 Regierungen auf der Haager Konferenz unter-
zeichnete Resolution. 1899.

Die Summe, die die europäischen Regierungen im Laufe
eines Jahres für Rüstungen ausgeben, dürfte jetzt die Höhe
von 7 Milliarden Mark erreichen. In den letzten vierzig
Jahren waren diese Ausgaben in steter Steigerung begriffen.
Vor dem deutsch-französischen Kriege betrugen sie noch 2300 Millionen Mark, sie stiegen im Jahre 1883 auf über 3000 Millionen,
im Jahre 1893 auf ca. 3700 Millionen und im Jahre 1903
auf nahezu 6000 Millionen.[1]) Die Ausgaben haben sich also

---

1) Die Ausgaben der verschiedenen europäischen Länder stellten
sich für die Jahre 1883, 1893 und 1903 nach verläßlichen Angaben
folgendermaßen:

	1883	1893	1903
Großbritannien	540 200 000	642 000 000	2102 400 000 [2])
Frankreich	674 600 000	725 400 000	814 200 000
Deutschland	366 800 000	470 200 000	860 000 000
Italien	205 600 000	277 800 000	305 200 000
Rußland	639 200 000	833 000 000	990 000 000
Österreich-Ungarn . . .	225 800 000	284 200 000	280 600 000
Belgien	36 800 000	37 600 000	44 200 000
Holland	56 800 000	66 600 000	70 400 000
Dänemark	12 400 000	19 200 000	23 600 000
Schweden-Norwegen . .	51 000 000	76 800 000	130 800 000
Spanien	125 600 000	125 000 000	144 000 000
Portugal	28 000 000	43 200 000	38 800 000
Serbien	—	9 000 000	14 800 000
Bulgarien	—	18 600 000	18 600 000
Rumänien	21 500 000	33 200 000	30 000 000
Griechenland	16 600 000	15 800 000	20 000 000
Schweiz	13 400 000	19 600 000	22 800 000

ℳ 3014 500 000 ℳ 3697 200 000 ℳ 5910 400 000

2) Teilweise Kosten des Transvaalkrieges mit inbegriffen.

z. B. in den 20 Jahren von 1883 bis 1903 verdoppelt, seit 1870 ungefähr verdreifacht. Aber auch seitdem 26 Regierungen im Jahre 1899 auf der Haager Konferenz die oben erwähnte Resolution faßten und unterzeichneten, wonach „eine Beschränkung der zurzeit die ganze Menschheit bedrückenden Militärlasten für die Förderung des materiellen Wohles der Menschheit als höchst wünschenswert" bezeichnet wurde, sind diese Ausgaben doch noch um 25 Prozent gestiegen.

Eine ganz genaue Feststellung der Rüstungsausgaben ist kaum möglich; obige Zahlen sind daher immer nur als annähernd richtig aufzufassen. Es muß aber festgestellt werden, daß sie immer nur als ein Teil der wirklichen Ausgaben anzusehen sind, da nämlich nur jene Ausgaben gemeint sind, die auf den Budgets der Kriegs= und Marineministerien figurieren. Es gibt aber zahlreiche Ausgaben, die auf das Konto der Kriegsvorbereitung gehören, aber auf anderen Budgets stehen, und die das Bild der wirklichen Rüstungskosten ganz gewaltig verändern.

Hierfür diene folgendes Beispiel. Deutschland hat z. B. für das Rechnungsjahr 1903/04 an einmaligen und laufenden Ausgaben für das Heer und die Marine laut Budget der Verwaltung des Reichsheeres und der Marine die Summe von 870 279 253 Mark ausgegeben. Hierzu treten aber noch:

Reichsmilitärgericht	544 928
Militärpensionen	70 579 620
Marinepensionen	4 819 454
Expedition nach Ostasien	12 332 826
Reichsinvalidenfonds	49 003 749
Zinsverlust beim Reichskriegsschatz in Spandau	4 800 000
Militärausgaben der Einzelstaaten	13 568 590
Militärausgaben der Schutzgebiete	9 823 660
Zinsen der Reichsschuld, soweit sie für Militär= und Marinezwecke Verwendung fand	83 128 000
Hierzu obige Summe von	870 279 253

In Summa: 1 128 880 080

Wir erblicken hier bereits eine Erhöhung der wirklichen Ausgaben um 30 Prozent. Dazu müssen aber noch die unsichtbaren Ausgaben für das Militärkonto gerechnet werden, als da sind: Staatsschulden der Einzelstaaten aus früheren Kriegen und Rüstungen, Pensionen der Einzelstaaten, kommunale Lasten, Defizit strategischer Bahnen, Unterstützungen der Pferdezucht und der Reedereien, die ja bekanntlich im Hinblick auf militärische Zwecke gewährt werden, ferner die Selbsterhaltungs= kosten der Einjährigen, die Zuschüsse für die Offiziere, die Zuschüsse für die aktiv dienenden Mannschaften, die verloren= gehenden Zinsen der in den Militärbauten und Rüstungen in= vestierten Kapitalien und schließlich der Entgang an Arbeits= verdienst der aktiv dienenden Mannschaften. Wenn man diese Summe nur annähernd schätzt, so erkennt man, daß die wirklichen Militärausgaben im besten Falle das Doppelte jener Summe überschreiten, die den Berechnungen stets zugrunde gelegt wird.

Zur ähnlichen Summe kommt Moch für Frankreich, wo sich für das Kriegsbudget von 1897, das ist für die Summe von 880 977 001 Franken durch Hinzufügung der auf anderen Budgets verteilten Lasten, die Summe von 1 240 702 361 Franken, das ist eine Erhöhung von 41 Prozent, ergibt, wozu dann noch die unsichtbaren Ausgaben schätzungsweise hinzuzurechnen sind.

Unter Berücksichtigung dieser Umstände wird man nicht übertreiben, wenn man die wirklichen Rüstungskosten Europas für das laufende Jahr mit rund 14 Milliarden Mark annimmt. Bei den obigen Berechnungen sind die Kosten der großen Kriege, die europäische Staaten geführt haben, nicht mit einberechnet. Die Milliarden, die England für den Trans= vaalkrieg, Spanien für den Krieg mit Nordamerika, Rußland für den japanischen Krieg ausgegeben haben, sind nicht be= rechnet. Die Summe von 15 Milliarden Mark für diese Kriege dürfte hier unter der Wirklichkeit bleiben.

Nach d'Estournelles hat Frankreich in den letzten 36 Jahren für Rüstungen und Staatsschuldzinsen allein 70 Mil= liarden Franken ausgegeben. Greift man zu hoch, wenn man alsbann die Ausgaben Europas im selben Zeitraum mit rund 200 Milliarden annimmt? Ich glaube, daß diese Summe eher unter der Wirklichkeit bleibt.

Dabei ist bei dem bisherigen Wachstum dieser Ausgaben die Annahme nicht von der Hand zu weisen, daß sich diese „die ganze Menschheit bedrückenden Lasten" weiter in steigender Richtung bewegen werden.

Seit langem hat sich nun in Europa das Verlangen ein= gestellt, dieser fortwährenden Steigerung der Rüstungsausgaben ein Ziel zu setzen. Seit langem haben nicht nur die Vertreter der Völker in den Parlamenten, sondern auch die Staatsoberhäupter und die Regierungen diese steigenden Ausgaben als ein Übel bezeichnet und den Wunsch ausgedrückt, dieses Übel zu beseitigen. Schon im Jahre 1841, als das englische Heeres- und Marinebudget erst 220 Millionen Mark betrug, fragte Robert Peel im Unterhause: „Ist die Zeit noch nicht gekommen, wo die mächtigen Länder Europas ihre Rüstungen, die sie so emsig vermehrten, einschränken sollten? Ist die Zeit noch nicht gekommen, wo sie bereit sein sollten, zu erklären, daß solche übermäßige Einrichtungen zwecklos sind? Wo liegt der Vorteil einer Macht, die in so hohem Maße ihr Heer und ihre Flotte vermehrt? Sieht sie nicht, daß andere Mächte ihrem Beispiel folgen? Die Folge davon wird sein, daß keiner Macht ein relativer Stärkezuwachs zuteil wird, aber wohl eine Aufzehrung der Hilfsquellen eines jeden Landes für militärische Rüstungen stattfinden muß. Sie berauben damit nur den Frieden um die Hälfte seiner Vorteile und nehmen die Wirkungen eines eventuellen Krieges vorweg . . . Das wahre Interesse Europas liegt darin, zu einem gemeinsamen Akkord zu kommen, der jedes Land in den Stand setzt, die Rüstungen, die mehr einem Kriegszustand als einem Friedensstand angepaßt sind, zu vermindern." Am 12. März 1850 sagte derselbe englische Staatsmann im Unterhause: „Keine größere Wohltat könnte dem Menschengeschlechte zuteil werden, als wenn die großen Kontinentalmächte ihre relativen Positionen beibehalten würden, wobei jede Macht ihre Armee auf eine Stärke herabsetzen könnte, die ihre Kraft nicht aufzehren und die Grundlage ihres Gedeihens nicht untergraben würde."

Als anfangs der sechziger Jahre der Wettbewerb Englands mit der französischen Flotte von neuem anhub, empfahl Disraeli im Unterhause eine Vereinbarung der englischen und französischen Regierung, um den Flottenwettbewerb einigermaßen zu beschränken. „Worin liegt der Zweck der Diplomatie, der Regierungen, der kordialen Verständigungen", rief er aus, „wenn solche Dinge möglich sind!" Cobden schrieb damals in seinem Buche „Die drei Paniken", worin er gegen die Kriegs- und Überfallsangst seiner Landsleute ankämpfte: „Es ist eine Nische frei im Tempel des Ruhmes für den Herrscher oder den Minister, der als erster dem ungeheuren Übel unserer Zeit an

den Leib rücken wollte", und in einem Briefe an Jeremy
Bentham schrieb er zur selben Zeit: „Diejenige Nation, die
der anderen durch Vorbringung eines Vorschlags auf Verminderung und Feststellung der Rüstungsausgaben vorangehen würde,
könnte sich mit Ruhm bedecken." Im Jahre 1861 überreichte
Cobden der Regierung sein berühmt gewordenes Memorandum,
worin er den schon in dem erwähnten Buche „Drei Paniken"
ausgedrückten Gedanken einer Verständigung mit Frankreich
wegen Beschränkung der Rüstungsausgaben weiter ausführte
und erklärte, „daß der gegenwärtige eigentümliche und außerordentliche Stand der englischen und französischen Flotten, das
Ergebnis des wissenschaftlichen Fortschrittes im Seekriegswesen,
eine Gelegenheit zur gegenseitigen Vereinbarung zwischen den
beiden Regierungen bieten würde, das für beide Länder von
Interesse wäre".

Im Jahre 1863 machte Napoleon den bekannten Versuch,
eine europäische Konferenz zusammenzuberufen, die einem Zustande ein Ende machen sollte, „der weder Krieg noch Friede
ist". Im Jahre 1868 sagte der damalige bayrische Ministerpräsident, der nachmalige dritte deutsche Reichskanzler, Fürst
Hohenlohe: „Die Anspannung der Wehrkräfte, wie sie zurzeit
in Europa getrieben wird, und wie sie auch in der nächsten
Zeit nicht aufgegeben werden kann, diese, ich möchte sagen,
epidemische Zunahme aller Rüstungen in Europa, ist für die
Dauer nicht durchzuführen. Der finanzielle Ruin der Staaten,
die Verarmung der Bevölkerung würde die unausbleibliche
Folge sein." Am 21. Oktober 1869 stellte Virchow im Reichs-
tage des Norddeutschen Bundes den bekannten Antrag, die
Regierung aufzufordern, dahin zu wirken, daß durch diplomatische
Verhandlungen eine allgemeine Abrüstung herbeigeführt werde,
und im Jahre 1875 nannte der Zentrumsführer v. Schor-
lemer-Alst das Militärbudget ein Faß der Danaiden und
erklärte, „daß, wenn der Brüsseler Kongreß (der 1874 tagte)
sich mit einer allgemeinen angemessenen Abrüstung beschäftigt
hätte, ihn die Sympathien der Völker begleitet haben würden".

Im Jahre 1876 trat in Wien infolge eines Abrüstungs-
antrages des Abgeordneten Fischhoff eine Gruppe von Parlamentariern zusammen, die in einer Resolution ihre Zustimmung
zu den Grundsätzen der allgemeinen Friedenspolitik und zur
Einberufung einer Konferenz aussprach, die die „tunlichste

Herabsetzung der Ausgaben für Kriegszwecke" zu beraten hätte. Am 12. März 1879 stellte der süddeutsche Abgeordnete von Bühler im deutschen Reichstag den Antrag: „Der Reichstag wolle beschließen, den Reichskanzler zu ersuchen, einen europäischen Staatenkongreß zum Zwecke der Herbeiführung einer wirksamen allgemeinen Abrüstung, etwa auf die durchschnittliche Hälfte der gegenwärtigen Friedensstärke der europäischen Heere, für die Dauer von vorläufig 10 bis 15 Jahren zu veranlassen."

Im Jahre 1889 ließ Lord Salisbury ein vertrauliches Dokument über die jährlichen Rüstungskosten Europas aufstellen. Daraus ergab sich, daß Frankreich, Deutschland, Österreich-Ungarn, Großbritannien, Rußland, Spanien, Italien von 1881 bis 1888, innerhalb sechs Jahren also, allein für die Kosten der Landheere und Flotten 19 Milliarden Mark verausgabt hatten. Lord Salisbury übermittelte dieses Dokument dem Deutschen Kaiser, der darüber so entsetzt gewesen sein soll, daß er sofort die Absicht äußerte, einen europäischen Kongreß zu berufen, „der praktische Maßnahmen zur Sicherung des Friedens ins Auge fassen sollte".[1] Durch den Widerspruch Frankreichs kam das Projekt zu Fall.

Am 30. Mai 1889 brachte Mr. Illingworth im englischen Unterhause die Frage vor, ob die Regierung mit den Kontinentalstaaten Unterhandlungen über Verminderung der Militärausgaben einleiten wolle. Am 24. Juni 1892 sagte der Zentrumsabgeordnete Reichensperger im deutschen Reichstag: „Auf die Gefahr hin, als ein Phantast zu erscheinen, der Chimären nachjagt, möchte ich hier einem Wunsche Ausdruck geben — ob er erfüllbar ist oder nicht mag dahingestellt sein —, dem Wunsche nämlich, daß unser so überaus mächtiger Herr Reichskanzler, der ja seine Hand sozusagen über unseren Kontinent hinstreckt, einmal sich mit der Frage beschäftigen möge, ob nicht ein europäischer Abrüstungskongreß sein Wirken auf die glänzendste Art krönen könnte. So gar chimärisch ist dieser Gedanke keineswegs: gerade in Anbetracht des großen Einflusses, welchen der Herr Reichskanzler, gewiß mit Recht, durch seine gewaltigen Erfolge nach außen hin übt, würde er vor allem der Mann

---

1) Berichtet von William T. Stead in seiner „Chronique de la Conférence de la Haye 1899". La Haye (1900). Seite 4.

sein, einem solchen Gedanken näher zu treten. Eine Abrüstung
wäre für alle Teile außerordentlich ratsam und wünschenswert,
könnte mithin um so leichter zustande gebracht werden."

Am 24. Dezember 1892 drückte Papst Leo XIII. in einer
Weihnachtsansprache an die Kardinäle den Wunsch aus, daß
eine internationale Abrüstungskonferenz zusammentreten möge,
und in seiner Enzyklika vom Juni 1894 äußerte sich der Papst
folgendermaßen: „Schon durch viele Jahre lebt man mehr dem
Scheine nach im Frieden, wie in Wirklichkeit. Der bewaffnete
Friede, wie er jetzt besteht, ist fast unerträglich geworden. Und
das sollte der naturgemäße Zustand des sozialen Zusammenlebens sein?" Am 11. Februar 1894 fragte der englische
Parlamentarier Byles den Minister Gladstone im Unterhause, ob er mit den Mächten des Kontinentes im Hinblick
auf eine Verminderung der Rüstungen nicht in Unterhandlungen
treten möchte, und am 19. Dezember 1894 stellte in der bayrischen Kammer Fürst Löwenstein einen Antrag auf Abrüstung.
Um diese Zeit trat der hervorragende französische Politiker
Jules Simon in der Presse für eine „treuga dei" bis
zur Jahrhundertwende ein und der italienische Staatsmann
Rugghero Bonghi fragte in einer Revue, „wie lange
ein Betragen so ohne gesunde Vernunft, wie das der
europäischen Großmächte, für vernünftig gelten wird?"

Dies sind nur einige Äußerungen von den vielen, die vor
dem Manifeste des Kaisers von Rußland vom 28. August
1898 den Wunsch nach Abänderung des allgemein als unerträglich empfundenen Zustandes zum Ausdruck brachten. Sie
machen jene Verurteilung der übermäßigen Rüstung des Zaren-
manifestes verständlicher und lassen dieses, als im ursächlichen
Zusammenhange mit einer langen Entwickelung stehend, erkennen.
Doch der Umstand, daß bislang noch nie eine Regierung die
Rüstungen in solcher Weise als schädlich für die Menschheit
bezeichnete, und der durch das Wettrüsten entstandene Zustand
noch nie so hart verurteilt wurde, macht jenes Manifest zu
einem Dokument ersten Ranges für die Geschichte des Ab-
rüstungsproblems, woran selbst durch die Wandlungen nichts
geändert wird, die im Laufe der folgenden Jahre der Zar und
seine Regierung durchgemacht haben. Es sei daher hier nochmals auf den Wortlaut jener Kundgebung, die im vorigen
Kapitel wiedergegeben ist, ausdrücklich hingewiesen.

Die Haager Konferenz, die infolge dieses flammenden Aufrufes zusammentrat, hat bekanntlich in bezug auf die Rüstungsbeschränkung ein greifbares Ergebnis nicht gezeitigt. (Siehe das vorhergehende Kapitel.)

In England war Ende 1905 die liberale Partei ans Ruder gelangt und schickte sich an, ihre in der Opposition vertretenen Anschauungen zu verwirklichen. Bereits im Dezember 1905 sagte der neue Premier Campbell=Bannerman in einer Programmrede: „Ich bin der Ansicht, daß die Vermehrung der Rüstungen eine große Gefahr für den Weltfrieden ist. Die Politik der ungeheuren Rüstungen erhält und nährt die Idee, daß die Gewalt die erste, wenn nicht einzige Lösung internationaler Konflikte darstellt." Im Mai 1905 gab sich der neuen Regierung Gelegenheit ihren Standpunkt klarzulegen und einen gewaltigen Vorstoß zugunsten einer allgemeinen Rüstungsverminderung zu unternehmen. In der Sitzung des Unterhauses vom 9. Mai stellte der Arbeiterdeputierte Vivian an die Regierung die Aufforderung, wirksame Schritte zu unternehmen, um die Ausgaben der Rüstungen zu verringern und die Aufnahme der Frage der Einschränkung der Rüstungen in das Programm der nächsten Haager Konferenz durchzusetzen. Dieser vom Parlament einstimmig gebilligte Antrag wurde vom Staatssekretär des Auswärtigen, Sir Edward Grey, „als eine erfreuliche Äußerung der öffentlichen Meinung" namens der Regierung angenommen. Er fügte hinzu, daß die Haager Konferenz kein verdienstvolleres Werk tun könne, als die Bedingungen für den Frieden weniger kostspielig als bisher zu gestalten, und er hielt die eingebrachte Resolution Vivians „wegen des Eindruckes, den sie auf die anderen Regierungen machen dürfte", von Wert. Am 25. Mai wurde alsdann Minister Campbell=Bannerman vom Lord Avebury im Oberhause über den Stand der Anregung zu einer Einschränkung der Rüstungen interpelliert. Der Unterstaatssekretär des Auswärtigen, Lord Fitz=Maurice, erklärte hierauf, daß die Regierung hoffe, eine Verminderung ihrer Rüstungsausgaben vorzunehmen, er schloß sich der im Unterhause abgegebenen Erklärung des Lord Grey an, gab der Zuversicht Ausdruck, daß die Verhandlung als eine Einladung an die anderen Länder aufgefaßt werde, der englischen Aufforderung zugunsten einer Herabsetzung der Rüstungen zu entsprechen und erklärte, „die

4*

Regierung lehne es ab, sich daran hindern zu lassen, vor oder
während der Haager Konferenz Vorschläge zu machen, falls die
Zeit dazu günstig sei".

Die englische Regierung ging noch weiter. Auf ihren
Wunsch versammelte sich im Juli 1906 eine außerordentliche
Konferenz der interparlamentarischen Union in London, die mit
hohen Ehren empfangen wurde. Über 500 Parlamentarier aus
23 europäischen, amerikanischen und asiatischen Parlamenten
waren anwesend. Minister Campbell=Bannerman hielt eine
denkwürdige Eröffnungsrede. „Bestehen Sie im Namen der
Menschlichkeit darauf", rief er den Mitgliedern der Konferenz
zu, „daß Ihre Regierungen sich mit der festen Absicht nach
dieser Konferenz im Haag begeben, mit der wir selbst dahin
zu gehen hoffen, mit der Absicht, die Lasten des Kriegs= und
Marinebudgets zu vermindern." Die Rede gab den Anlaß zu
einer interessanten Diskussion, an der sich die Vertreter aller
Länder beteiligten und wobei namentlich die Reden des fran=
zösischen Senators d'Estournelles und des amerikanischen
Präsidentschaftskandidaten Bryan besonders bemerkt wurden.
Einstimmig wurde schließlich folgende Resolution angenommen:
„Indem die interparlamentarische Konferenz der Ansicht ist,
daß das Anwachsen der Flotten= und Militärausgaben, die auf
der Welt lasten, universell als unerträglich betrachtet wird,
drückt sie formell den Wunsch aus, daß die Frage der Rüstungs=
beschränkungen auf das Programm der nächsten Haager Konferenz
gestellt werde." Die Konferenz forderte außerdem ihre Mit=
glieder auf, bei ihren Regierungen und in ihren Parlamenten
ihren ganzen Einfluß auszuüben, damit die Frage der Rüstungs=
beschränkungen Gegenstand des nationalen Studiums bilde.

Wie die Dinge jedoch liegen, zeigen die meisten Regierungen
wenig Neigung, das Rüstungsproblem auf der kommenden zweiten
Haager Konferenz einer neuerlichen Beratung zu unterziehen.
Es ist dies um so merkwürdiger, als sich die verschiedenen
Regierungen dadurch mit ihren früheren Erklärungen vielfach
in Widerspruch setzen.

Kam früher einmal in einem Parlamente die Rede auf
die Abrüstung, so wurde von den verschiedenen Ministertischen
regelmäßig eine Erklärung in dem Sinne abgegeben, daß man
sehr gern dazu bereit wäre, wenn die anderen Mächte den
Anfang machen würden oder wenn zum mindesten die Anregung

von einem anderen Staate ausgehen würde. So antwortete
Fürst Bismarck dem Herrn von Bühler, als dieser den oben
erwähnten Antrag eingebracht hatte, in einem Schreiben: „Erst
nachdem es Ihnen gelungen sein wird, unsere Nachbarn für
Ihre Pläne zu gewinnen, könnte ich oder ein anderer
deutscher Kanzler für unser stets defensives Vaterland die Ver=
antwortung für analoge Anregungen übernehmen." Im Jahre
1879 begründete die österreichische Regierung einen Gesetz=
entwurf betr. des Kriegsstandes des stehenden Heeres folgender=
maßen: „Für eine patriotische Pflicht würde die Regierung
es ansehen, noch vor Ablauf der bis zum Schluß des Jahres
1899 zu verlängernden Frist des erhöhten Kriegsstandes, die
ihr zustehende Initiative zur Herabsetzung der Kriegsstärke des
Heeres und der Kriegsmarine, sowie auch zur Einschränkung
des Wehrsystems überhaupt, zu ergreifen, wenn unter den
Mächten eine von der Regierung gewiß ebenso wie vom hohen
Reichsrate ersehnte Verständigung über eine Verminderung
der Wehrkräfte früher erzielt werden sollte." In der Sitzung
des ungarischen Reichstages vom 21. September desselben Jahres
erklärte der Ministerpräsident von Tisza: „Auch ich bin für die
Herabsetzung des Armeestandes; trotzdem ist es notwendig, die
Heeresmacht mindestens in der gegenwärtigen Stärke zu erhalten,
wenn wir uns nicht der Gefahr der Isolierung aussetzen wollen.
Die Monarchie ist nicht in der Lage, zu einer allgemeinen Ab=
rüstung die Initiative zu ergreifen. Wenn die europäischen
Mächte die Abrüstung durchführen wollen, so wird das neue
Wehrgesetz uns nicht hindern, ein Gleiches zu tun." Selbst in
England wußte im Jahre 1894 Gladstone auf die oben er=
wähnte Interpellation des Mr. Byles nichts anderes zu er=
widern, als daß er der Anregung sehr sympathisch gegenüber=
stehe und daß die englische Regierung sich über eine derartige
Maßnahme freuen und mit Enthusiasmus begrüßen würde,
falls sie eine andere Regierung ergreifen würde, und im
Jahre 1899, kurz vor der Eröffnung der ersten Haager Konferenz,
gab der erste Lord der Admiralität, Lord Goschen, im Unter=
hause „namens der Regierung Ihrer Majestät" die Erklärung
ab, daß diese „bereit sei, ihre Flottenbaupläne zu verringern,
wenn die anderen Mächte geneigt wären, dasselbe zu tun".
Die Beispiele, wonach man bereit wäre etwas für die Ver=
minderung der Militärlasten zu tun, falls andere die Initiative

ergreifen würden, sind damit nicht erschöpft. Es dürfte wohl
kaum ein europäisches Land geben, wo ähnliche Erklärungen
im Laufe einer Parlamentssession nicht abgegeben wurden. Um
so unbegreiflicher wird die Haltung der Regierungen, daß sie
jetzt, wo eine andere Regierung endlich die Initiative ergreift,
sich ihrer früheren Erklärungen nicht erinnern und freudig auf
die Anregung, die ihnen gemacht wird, eingehen, die ja zunächst
nichts anderes bezweckt, als eine gemeinsame Beratung des für alle
wichtigen Problemes. Die Handlung wird um so unbegreif=
licher, als England in der Tat jetzt die ersten Schritte gemacht
hat und sein Landheer, wie die Flotte um ein beträchtliches
verminderte und vor allen Dingen den bereits aufgestellten
Flottenbauplan reduzierte. Es hat das erfüllt, was Lord
Grey bei Erwiderung von Lord Balfours Vorschlag in der
Sitzung vom 9. Mai angedeutet hatte, als Balfour sagte, man
solle warten, bis andere Mächte mit der Abrüstung voran=
gingen. Grey sagte damals: „Wie die Verhältnisse liegen,
warten alle Mächte aufeinander und eines Tages wird
eine den ersten Schritt tun müssen." Er fügte hinzu, daß es
nicht ausgeschlossen sei, daß England diesen ersten Schritt tun
werde. Es hat diesen Schritt mittlerweile gemacht. Die
englische Regierung hat eine bedeutende Verminderung ihres
Kriegsbudgets eintreten lassen, die nach Angaben oppositioneller
englischer Blätter den Gefechtswert der Flotte um 25 Prozent
herabsetzt.

Dieser geschichtliche Rückblick über die Entwickelung der
Abrüstungsidee war notwendig, um das Problem der Rüstungs=
verminderung besser verstehen zu können. Wir sehen, daß die
Rüstungen allenthalben als Last empfunden werden, wir sehen,
daß man überall den Wunsch hegt, diese Last zu vermindern,
müssen aber gleichzeitig auch erkennen, daß alle dahin zielenden
Bemühungen und Hoffnungen vergeblich waren, daß die Rüstungen
stetig zunahmen und eine Verminderung trotz des ernsten
Vorstoßes der gegenwärtigen englischen Regierung kaum zu
erwarten ist.

Worin ist dieser Widerspruch zwischen Wollen und Können
begründet? — Um diese Frage richtig beantworten zu können,
müssen wir das Wesen der Rüstungen und die Ursachen ihrer
steten Vermehrung ergründen. Das Prinzip, das all diesen
Rüstungen zugrunde liegt, ist das alte, für die modernen Ver=

hältnisse völlig unzureichende Römerprinzip, das in dem Satze ausgedrückt ist: „Si vis pacem — para bellum." Wenn du den Frieden willst, bereite den Krieg vor. Im Namen des Friedens und zu seiner Sicherung werden die Milliarden verausgabt. Das komplizierte Gemeinwesen des modernen Staates bedarf für seine Lebensbetätigungen der Ruhe und Sicherheit. In Ermangelung einer die Ruhe und Sicherheit verbürgenden Gewalt, die über den Staaten stünde, suchen die Staaten den Schutz unter dem kostspieligen Waffenpanzer, den sie sich anlegen. Die Rüstungen sollen den Krieg vermeidbar machen und für den Fall, daß ihnen das nicht gelingt, sollen sie die Garantie des Sieges bieten.

Die Rüstungen erfüllen aber diese Aufgabe schlecht. Es liegt in ihrer Natur, daß sie nicht nur schützen, sondern auch gleichzeitig bedrohen. Ja ihr Schutzwert besteht eben darin, daß sie den anderen Staaten Furcht vor der Macht des geschützten Staates einflößen sollen. Eine Rüstung, die diese Furcht nicht erweckt, würde ihrem Zweck nicht entsprechen. Die Folge davon ist, daß der durch Rüstungen bewirkte Schutz eines jeden Staates für die anderen Staaten eine Gefahr bedeutet und diese veranlaßt, ihren Schutz noch mehr zu verstärken, d. h. ihre Rüstungen weiter zu vermehren. Daß auch diese wieder bedrohen, daß sie neuerdings jeden anderen Staat zur Erhöhung seiner Rüstungen zwingen, erweist zur Genüge, daß der stete Wettbewerb der Rüstungen, die sogenannte „Schraube ohne Ende" im ureigenen Wesen jenes Systems liegt, mit dem die Staaten heute ihre Sicherheit zu bewerkstelligen streben.

Wenn wir bedenken, daß der Staat A seine Rüstungen erhöht, um seinen Schutz zu erhöhen, damit aber gleichzeitig den Staat B zwingt, dasselbe zu tun, weil der erhöhte Schutz des Staates A eine erhöhte Bedrohung für den Staat B bedeutet, so müssen wir erkennen, daß der Staat A mit seinen Rüstungen sich selbst eine Bedrohung geschaffen hat und sich in endloser Kette neue Lasten auferlegt, die auch gleichzeitig wieder neue Lasten für den Staat B bedeuten. Es ist dies ein dem Rüstungssystem innewohnendes Gesetz, das man ganz wohl als das eherne Belastungsgesetz der modernen Staaten bezeichnen kann. Dieses eherne Gesetz findet seine Bestätigung noch in der Tatsache, daß es heute keinem Staate genügt, stark zu sein, daß er, um Macht zu besitzen, stärker sein muß als

seine konkurrierenden Staaten, und daß gerade diese Notwendigkeit ihn zwingt, fortwährend seine Rüstungen zu erhöhen, sobald
seine eigenen Rüstungen den Konkurrenzstaat oder eine Mehrheit solcher Konkurrenzstaaten veranlaßt haben, ihren Panzer
abermals zu vergrößern. Daraus ergibt sich, daß die Rüstungen
die Macht des Staates, trotz aller Steigerungen, gar nicht erhöhen.

Dieses System muß infolge der angedeuteten Wirkungen
als unlogisch bezeichnet werden. Das Wunderbare dabei ist
nur, daß die Logik der Dinge der mangelnden Logik der
Menschen zu Hilfe kommt. Das Unlogische des heutigen
Rüstungssystems zeigt sich, sobald man die letzte Konsequenz
dieses Systems zu ziehen sucht. Kein Staat kann heute stärker
sein, als die Staatengemeinschaft. Er ist daher immer aus-
gesetzt, einer Staatenkoalition zu unterliegen. Er hat keinen
Schutz gegen eine solche Koalition. Um ihr vorzubeugen, muß
heute jeder Staat sich durch Bündnisse mit anderen Staaten zu
sichern suchen. Die mangelnde Logik seines Schutzsystems treibt
den modernen Staat also zur Assoziation. Die heutigen Staaten
bilden Gruppen, die sich gegenseitig das Schwergewicht ihrer
Macht zur Verfügung stellen. Der Dreibund, der Zweibund,
die Entente cordiale, der englische Reichsgedanke, die panamerikanische Bewegung bieten die Beweise dafür. Wir sehen, daß
die Logik der Dinge Wege weist, die die Menschen zu erfassen
noch nicht reif sind, Wege, die schließlich in einer allgemeinen
Assoziation endigen müssen, an der das gegenwärtige Rüstungssystem zerschellen muß.

Dieses System zeigt aber noch in anderer Weise die über
der herrschenden Vernunft stehende Logik der Dinge. Durch
die infolge des langanhaltenden Wettbewerbs aufs höchste
gesteigerten Rüstungen ist das Kriegsrisiko, wenigstens für einen
Krieg zwischen den höchststehenden Kulturstaaten, so entwickelt
worden, daß es den Bestand eines Staates in Frage stellt, so
daß diese ungeheuren Rüstungen daher nur mehr in den aller-
ernstesten Fällen, wo es sich wirklich um Sein oder Nichtsein
eines Volkes handelt, zur Anwendung gelangen können. In
dem ungeheuren Schutzapparat eines großen Kulturstaates sind
heute derartig alle Lebenskräfte des Staates engagiert, daß
eine kriegerische Erschütterung dieser Kräfte unweigerlich eine
Erschütterung des ganzen Staates mit sich bringen muß, und
daß im günstigsten Falle, d. h. für den Fall, daß der Staat

aus einem Kriege noch lebensfähig hervorgeht, zum mindesten
ein Vorteil der nicht im Krieg verwickelt gewesenen Staaten ent=
stehen muß; daß also der kriegführende Staat, abgesehen davon,
ob er seinem Gegner gegenüber Sieger bleibt oder nicht, immer
der Unterlegene der anderen vom Kriege verschont
gebliebenen Staaten sein wird.[1])

Unter diesen Umständen ist es klar, daß der Krieg in dem
Maße, in dem seine Vorbereitung durch die wachsenden Rüstungen
erhöht wird, außer Betracht kommt; denn es ist nicht mehr
möglich, diesen ungeheuren Apparat auch wegen jeder Differenz
in Bewegung zu setzen, so daß die Zahl jener Konflikte, die
das große Risiko eines mit den modernen Mitteln geführten
Krieges rechtfertigen würden, notgedrungen immer geringer
werden muß. Während früher die Armee jederzeit fähig war
dem Machtwillen des Staates Nachdruck zu verleihen, während
man demgemäß früher leichten Herzens einen „frischen fröh=
lichen Krieg“ vom Zaune brach, sieht man heute, wie die
Diplomatie in Fragen, die früher nur der Regelung durch
Krieg zugänglich erschienen, durch Konzessionen und Ausgleich
der Vorteile wie der Nachteile, eine friedliche Lösung herbei=
zuführen bemüht ist, und daß ihre Bemühungen dabei auch
von Erfolg gekrönt sind. Fälle wie die Doggerbankaffäre im
Oktober 1904 und der Marokkokonflikt im Jahre 1905 hätten
früher nur durch den Einsatz der bewaffneten Macht entschieden
werden können, während man jetzt die denkbar größten Schwierig=
keiten überwand, um die kriegerische Entscheidung mit ihrem
Risiko zu verhindern. Wenn aber bereits Fälle von solcher
Schwere dem Kriege entzogen sind, ist die Frage zulässig, ob
überhaupt noch Konflikte denkbar sind, bei denen es keinen
anderen Ausweg geben sollte, als den Einsatz der bewaffneten
Macht, das Ringen auf Leben und Tod der im Konflikt befind=
lichen Staaten.

Aus dieser Tatsache ergibt sich zweierlei. Erstens eine
vollständige Umwertung der Bedeutung der Armeen. Diese
waren früher allein identisch mit der Macht des Staates und
wurden ohne Zögern in Kurs gesetzt, wenn es sich darum
handelte, diese Macht anzuwenden. Heute sind die Armeen
gewissermaßen das Papiergeld der staatlichen Macht geworden.

---

1) Siehe das heutige Rußland und seine Stellung in Europa.

Sie deuten diese Macht bloß an, wie die Banknote den
in den Kellern der Bank lagernden Schatz der Goldreserve.
Man gibt die Macht nicht mehr bar aus, man präsentiert sie
bloß im internationalen Machtverkehr. Die Armeen sind der
Gegenstand eines Rechenexempels geworden, bei dem die etwaige
Differenz an Stärke zwischen zwei im Interessengegensatz be=
findlichen Gegnern mit dem Bleistift festgestellt und die Differenz
gut geschrieben wird auf dem Blatte, auf dem man die Macht
des eigenen Willens mit der des Gegners vergleicht. Der
Rüstungswettkampf zeigt daher, daß er eine psychische Wertung
erlangt hat. Die Rüstungsvermehrungen bedeuten einen Kampf
mit der Zahl. Der Kampf der Staaten hat seinem Wesen
nach aufgehört in erster Linie und ausschließlich ein physischer
zu sein, er wandelt sich zum psychischen Kampfe, dessen Ent=
faltung wir auf allen Entwickelungsstadien unserer Kultur als
ein Zeichen dieser Kultur und ihres steten Wachstums wahr=
nehmen können. Da der physische Kampf der Staaten, der
Krieg, in der Tat äußerst selten geworden ist, trotzdem die
erhöhten Lebensbetätigungen und die ungemein verquickten Be=
ziehungen unserer großen Kulturstaaten eine viel größere Summe
von Gegensätzen und Konflikten erzeugen, so ist der Beweis
erbracht, daß sich die Kampfform der Staaten ganz bedeutend
nach der psychischen Seite entwickelt oder im Sinne einer er=
höhten Kultur verfeinert hat.

Zweitens ersehen wir aus der infolge erhöhter Rüstungen
erstandenen Schwierigkeit der Verwendung der Armeen, daß die
Staaten und ihre Lenker gezwungen werden, mehr als früher
die friedlichen Mittel der Auseinandersetzung zu suchen und
anzuwenden, daß sie trotz aller erhöhter Kriegsbereitschaft immer
mehr zur kriegslosen Erledigung auch der schwierigsten Diffe=
renzen erzogen werden, daß die erhöhten Rüstungen immer
intensiver die Assoziation der Staaten verengern, also selbst=
tätig jenen Zustand schaffen, dessen Mangel sie gerade
gezeitigt hat. Es ist eine eigentümliche Erscheinung, daß
die Institutionen sich die Menschen erst erziehen müssen, daß
die neu hervortretenden großen Momente sich erst durch die
Macht der Tatsachen das große Geschlecht, das sie brauchen,
bilden müssen.

Ist damit aber das Wesen der modernen Rüstungen er=
kannt, ist zugegeben, daß die Unlogik des Gewollten in der

Tat logische Erscheinungen zeitigt, indem die großen kriegs=
bereiten Staaten durch den den Dingen innewohnenden Zwang
zu einem gewaltlosen Nebeneinanderleben erzogen werden, so ist
damit auch die Richtungslinie der ganzen Abrüstungs=
politik und die Ursachen ihres bisherigen Versagens ange=
deutet.   Diese Abrüstungspolitik zeigt nach Erkenntnis des
Wesens der Rüstungen bisher die deutlichsten Spuren des Dilet=
tantismus, der auch der neuesten englischen Aktion nicht ab=
zusprechen ist. Es ist dilettantenhaft, ein Übel symptomatisch
heilen zu wollen, statt den Ursachen nachzuspüren und diese zu
beseitigen.   Die modernen Rüstungen mit ihrer ihnen inne=
wohnenden steten Vermehrungsnotwendigkeit — man ist be=
rechtigt, hier von einer Notwendigkeit zu sprechen — sind ein
Symptom.   Sie entspringen jenem Konflikte, der sich aus der
heute im internationalen Verkehr herrschenden Unsicherheit und
aus den, infolge der großen technischen Umwälzungen völlig
veränderten Lebensbedingungen der modernen Staaten mit ihrem
aus unermeßlichen und millionenfachen Betätigungen hervor=
tretenden erhöhten Bedürfnis nach Stabilität, Sicherheit und
Ordnung, mit einem Wort nach einem erhöhten Friedensbedürfnis
ergibt.   Will man diese Rüstungen beseitigen, ihre unerträglich
gewordenen Lasten aufheben, so darf man nicht mechanisch vor=
gehen und durch ein Übereinkommen die Heere und Flotten der
Staaten durch Streichung einiger Regimenter und einiger
Schiffe, durch Festsetzung eines Durchschnittsbudgets und ähn=
licher Mittelchen mehr, vermindern wollen. Man gleicht bei
solchem Vorgehen zu sehr den Medizinern der alten Schule,
die sich beschieden, die Symptome der Krankheiten zu bekämpfen
und damit glaubten, die Krankheiten heilen zu können.

Was wäre durch eine solche mechanische Verminderung der
Rüstungen getan?   Die Ursachen, die die Rüstungen gezeigt
haben, würden dieselben bleiben, die Unsicherheit, das Mißtrauen
und die Angst eines jeden vor den üblen Absichten der anderen
würden nicht schwinden. Nur das Hemmnis, das jetzt in den
übergroßen Rüstungen mit ihrem Risiko für den Fall der An=
wendung liegt, würde geschwächt werden. Es würde also durch
eine solche Abrüstung nur der Krieg erleichtert und wahr=
scheinlicher gemacht werden. Das gesamte Bestreben nach
Abrüstung und Rüstungsbeschränkung muß daher, solange es
die mechanisch=symptomatische Methode verfolgt, als Stümper=

werk betrachtet werden. Es zu bekämpfen ist nicht notwendig.
Die Logik der Dinge ist stärker als ihre Verkenner, sie schützt
uns davor, daß jenes Stümperwerk jemals auf die Verhältnisse von Einfluß sein könnte. Dieses mechanische Verfahren
wird eben niemals zu einem Ergebnis gelangen, wie uns das
Versagen aller nach dieser Richtung gehenden Bestrebungen be-
weist. Die mechanische Abrüstung ist einfach nicht möglich und
jeder auf dieser Basis unternommene Versuch muß scheitern.
Ein internationales Abkommen, das darin gipfeln sollte, daß
jeder Staat seine Armeen und Flotten um gewisse Einheiten
vermindert, oder für seine Wehrzwecke eine festzusetzende gewisse
Summe nicht überschreitet, ist glücklicherweise undurchführbar,
weil eine derartige mechanische Abmachung durch gewisse Imponde-
rabilien umgestoßen wird, die die anscheinend gleichen Einheiten
der Wehrkraft bei jedem Staate verschieden bewerten. Volks-
bildung, Eisenbahnnetze, Lebenshaltung, natürliche Grenzen,
Verhältnis der Industrie zur Landwirtschaft usw. usw. sind
Wertfaktoren der Landesverteidigung, die sich jeder Berechnung
entziehen und an der jede „Formel der Abrüstung" endgültig
scheitern muß.

Der Weg, auf dem zu einer Verminderung der Rüstungs-
lasten zu gelangen ist, ist klar vorgezeichnet. Man muß eben
das System beseitigen, das diese übergroßen Rüstungen zeitigte,
man muß anfangen, die in ihren Lebensbetätigungen so innig
miteinander verquickten Staaten der Anarchie zu entreißen, in
der sie sich gegenwärtig befinden. Man muß der ungeheuer
sich entwickelnden Symbiose der Kulturwelt nachgeben und
durch Errichtung einer Organisation die natürliche Forderung
erfüllen. Man muß durch Verträge jene Stabilität, Sicherheit
und Ordnung herstellen, die man heute vergeblich durch Rüstungen
aufs äußerste zu ersetzen sucht. Man muß die Möglichkeiten
der gewaltlosen Auseinandersetzung, wie sie heute ungewollt
und durch die Macht der Dinge gezwungen in Erscheinung
treten, erkennen, sie zu einem System bringen und festigen und
dadurch jene Atmosphäre des Vertrauens, jene heilbringende
Erkenntnis des Aufeinanderangewiesenseins erzeugen, die er-
forderlich sind, um das Mißtrauen zu beseitigen und das Interesse
an der neuen Ordnung der Dinge bewußt zu machen und zu
festigen. Dann, aber nur dann, werden die Voraussetzungen
für die Rüstungsvermehrungen wegfallen, und allmählich, im

Laufe der Entwickelung, nach Maßgabe der Befestigung der neuen Ordnung und Klarlegung ihrer Erfolge, werden sich die Rüstungen vermindern, ganz selbsttätig, ohne jede Vereinbarung, je nach der eigenen Einsicht der Staaten, aber konsequent, da die Verminderung der Rüstungen dann ebenso als Vorteil erachtet werden wird, wie heute die Vermehrung als Notwendigkeit, und weil der sich aus dem Panzer freimachende Staat, infolge der damit erringenden Vorteile, die Nacheiferung der anderen Staaten in derselben Weise wecken wird, wie heute jede Mehrrüstung die Nacheiferung der ganzen Staatengemeinschaft erweckt.

V.

Entwickelung und Umfang der modernen Friedensbewegung.

> „Unsere Kampagne für den Frieden ist nur eine Form, und zwar die höhere Form unseres Patriotismus."
> Baron d'Estournelles de Constant auf der XIV. interparlamentarischen Konferenz. 1906.

Die Friedensbewegung bis zur Gründung der Organisationen.

Die Friedensbewegung ist — wenn man will — uralt. Man findet bis in das graueste Altertum hinein Spuren jener Idee, die sich dem Kriege ab-, dem Frieden zuwendet, ja man findet da bereits deutliche Spuren der Schiedsgerichtsbarkeit. Die Amphiktyonenbünde seien hierbei besonders erwähnt. Es fällt auch nicht besonders schwer, im Mittelalter, wo das bürgerliche Recht noch so sehr im argen lag und Blutrache und Fehderecht noch an der Tagesordnung waren, die blutigsten Kämpfe zwischen kleinsten Gemeinschaften fast die Regel des Zusammenlebens bildeten, ebenfalls Spuren der Friedensidee zu finden (Treuga dei z. B.), die hervorragende Geister wie Dante und andere mehr erfaßt hatten.

Je mehr wir uns der Neuzeit nähern, finden wir greif=
bare Projekte zur Friedfertigung der Menschheit. Der Böhmen=
könig Podiebrad trug sich im Jahre 1462 mit der Idee,
einen allgemeinen christlichen Friedensbund zur Abwehr der
Türken zu gründen. Im Jahre 1603 befaßte sich Frankreichs
berühmter König Heinrich IV. mit der Idee einer „christlichen
Republik", die sein Minister Sully, der übrigens der Vater
des Gedankens sein soll, näher beschrieb. Das 17. Jahrhundert
war reich an ähnlichen Ideen. Emericus Cruceus schrieb „Die
neue Cynée" (1623), und 1624 gab ein gewisser Neumeyer zu
Jena unter dem Titel „Von den Friedenshandlungen" ein
Friedensprojekt heraus. Im darauffolgenden Jahre erschien
Hugo Grotius mit seinem epochemachenden Werk „De jure belli
ac pacis" (Vom Rechte des Friedens und des Krieges), mit
dem er das moderne Völkerrecht begründete. Im Jahre 1666
schlug der Landgraf Ernst von Hessen ein internationales Fürsten=
tribunal vor, 1677 ließ Spinoza seine Stimme gegen den
Krieg ertönen, und 1693 veröffentlichte der Quäker William
Penn sein berühmtes „Essay on the present and future peace
of Europe".

Zu Beginn des 18. Jahrhunderts (1713) veröffentlichte
der französische Abbé Charles Irené Castel St. Pierre
ein umfangreiches Werk „Projêt pour perpetuer la Paix etc.",
das auf die Zeitgenossen großen Eindruck machte. Rousseau,
Leibniz, Jeremy Bentham beschäftigten sich damit sehr
ausführlich. Letzterer trat auch in mehreren Essays für eine
Kodifikation des internationalen Rechtes ein. Am Ende dieses
Jahrhunderts steht unser Immanuel Kant mit seinem 1795
erschienen Traktat „Vom ewigen Frieden", dessen Ideen auch
heute noch vollgültig sind. Kant erklärt den Krieg als den
Naturzustand der Menschen. Sie werden so lange Krieg führen,
als sie diesem Naturzustande nicht entwachsen sind. Ein
Verband freier Staaten, die durch einen Vertrag nicht einen
einzelnen Krieg, sondern alle Kriege beendigen, erscheint ihm
als die Sicherung des „ewigen Friedens". Er definiert bereits
die Heilsamkeit des selbstauferlegten Zwanges und die Not=
wendigkeit einer Föderation wirklich freier Staaten.

An der Jahrhundertwende sehen wir Fichte und Schelling,
Herder, Traugott Krug, Butterweck und den Rechtsgelehrten
Zachariae das Friedensproblem im Sinne Kants behandeln.

Nach all diesen Hoffnungen, Plänen und Entwürfen sehen wir zu Beginn des 19. Jahrhunderts, unmittelbar nach der Niederwerfung Napoleons, die praktische Friedensbewegung entstehen. Amerika ist ihr Geburtsland. Ihr Geburtsjahr das Jahr 1815, wo der Quäker David L. Dodge zu Newyork die erste Friedensgesellschaft errichtete. Nachdem in verschiedenen amerikanischen Staaten Filialgründungen erfolgten, wurden alle Gesellschaften auf Initiative von William Ladd im Jahre 1828 zur allgemeinen „American Peace Society" vereinigt, die noch heute besteht. Die Quäker William Allen und Joseph Tragelace Price gründeten 1816 in London die erste europäische, heute noch bestehende Friedensgesellschaft, die Londoner „Peace Society". Im Jahre 1830 wurde zu Genf vom Grafen Sellon die erste Friedensgesellschaft am Kontinent begründet. In den ersten Jahrzehnten des Jahrhunderts wirkten in Frankreich Fourrier und Saint-Simon, Lamartine und Victor Hugo, in England Richard Cobden, John Bright und Henry Richard für die Friedenssache. Die Engländer bereisten wiederholt den Kontinent, um dort für die Friedenssache Propaganda zu machen. Im Jahre 1843 vereinigte sich zu London der erste Friedenskongreß, der jedoch noch keinen internationalen Charakter hatte.

Im Jahre 1847 kam der Grobschmied Elihu Burrit aus Amerika nach Europa und entfaltete da eine umfangreiche agitatorische Tätigkeit, die den Friedensgedanken in verschiedenen Ländern wachrief. Ihm ist es zu danken, daß die ersten internationalen Friedenskongresse stattfanden. Der erste dieser Kongresse wurde 1848 in Brüssel, der zweite 1849 unter dem Vorsitz Victor Hugos in Paris, der dritte 1850 in der Paulskirche zu Frankfurt am Main, der vierte 1851 zu London, der fünfte 1853 zu Edinburg abgehalten. Diese um die Jahrhundertmitte abgehaltenen Kongresse führten die Bewegung aus dem religiösen Fahrwasser, in dem sie sich seit der Gründung der Friedensgesellschaften durch die Quäker befand, auf ein mehr politisches Gebiet. Zur gleichen Zeit debütierte der Friedensgedanke auch in verschiedenen Parlamenten. Schon in den Jahren 1832 und 1837 befaßte sich die gesetzgebende Körperschaft von Massachusetts auf Veranlassung der amerikanischen Friedensgesellschaft mit dem Problem der Schiedsgerichtsbarkeit. Im Jahre 1839 hatte sich der ameri-

kanische Kongreß mit der Frage zu befassen. Am 12. Juni
1849 benutzte Richard Cobden im Unterhause eine von
der Peace society überreichte Petition zur Grundlage einer
längeren Rede für die Schiedsgerichtsbarkeit, die zu lebhaften
Debatten Anlaß gab. Palmerston bekämpfte diese von anderer
Seite als „bizarr und lächerlich“ bezeichnete Forderung. Die
junge englische Friedensgesellschaft war die Veranlasserin, daß
John Bright 1854 als einziger im Parlament gegen den
beginnenden Krimkrieg Protest erhob, und ihr ist es auch zu
danken, daß der Engländer Clarendon auf der den Krimkrieg beendigenden Pariser Konferenz von 1856 das Prinzip
der Vermittelung und der Guten Dienste in den Vertrags-
protokollen zur Anerkennung brachte, womit nach einem Ausspruch Gladstones der Krieg seitens der zivilisierten Mächte
zum erstenmal verurteilt wurde. Ein anderes völkerrechtliches
Ereignis jener Zeit war die im Jahre 1864 durch die Wirksamkeit Henri Dunants zustande gekommene Genfer Konvention. Die durch den Luxemburger Handel im Jahre 1867
drohende Kriegsgefahr zwischen Frankreich und Preußen gab
den Franzosen Fréd. Passy, Gustav von Eichthal und
Pfarrer Martin Paschoud Veranlassung, eine Agitation zu
einer friedlichen Beilegung des Streites zu entfalten, worauf
diese Männer die Pariser „Ligue de la Paix“ gründeten. Im
selben Jahre gründete Charles Lemmonnier im Verein mit
Victor Hugo und Garibaldi die „Ligue de la paix et
liberté“, die ihren Sitz in Genf aufschlug und in den Jahren
1867 bis 1879 dreizehn internationale Kongresse abhielt. Die
mit der Genfer Konvention begonnene Tendenz zur Humani-
sierung der Kriege fand in der Petersburger Konvention
des Jahres 1868 eine Fortsetzung. Im Jahre 1869 stellte
Rudolf Virchow angeregt durch Henry Richard im preußischen Abgeordnetenhause den Antrag auf Herbeiführung einer
allgemeinen Rüstungsverminderung. Das Jahr 1870 sah dann
den blutigen Krieg zwischen Deutschland und Frankreich aus-
brechen.

Die Rückwirkung des Krieges zeigte sich bald in der Gründung
einer großen Anzahl von Friedensgesellschaften. Noch 1870
wurde ein holländischer Friedensverein begründet, 1871 ein
belgischer Friedensverein. Im Juli 1870 gründete Randal
W. Cremer den Friedensverein der englischen Arbeiter, und

1873 erfolgte zu Gent die Gründung des „Institut du droit international“. Ein großes Friedensereignis bildete die im Jahre 1872 erfolgte Beilegung des überaus gefährlichen Alabamastreites (siehe diesen S. 18) durch ein Schiedsgericht. Namentlich diese beiden letzten Ereignisse mögen dazu beigetragen haben, daß sich eine hervorragende Tätigkeit für die Friedens- und Schiedsgerichtsidee in den Parlamenten entfaltete und die völkerrechtliche Literatur sich stark entwickelte. Im Jahre 1873 trat Henry Richard im englischen Unterhause in die Fußtapfen Cobdens und erneuerte dessen Antrag auf Schiedsgerichtsverträge; im selben Jahre beschäftigte sich auch der Kongreß der Vereinigten Staaten mit einem ähnlichen Antrage des Senators Summer. Der Antrag Richards fand ein Echo in anderen europäischen Parlamenten. So trat noch im selben Jahre Mancini in der italienischen Kammer für die Schiedsgerichtsbarkeit ein, und in den gesetzgebenden Kammern Hollands, Belgiens, Schwedens, Dänemarks und Österreichs standen zwischen 1873 und 1876 wiederholt derartige Anträge zur Diskussion.

Zahlreiche Schriften zugunsten einer friedlichen Beilegung internationaler Streitigkeiten erschienen, von denen nur die Arbeiten Lorimers, Laveleys, Bluntschlis und de Baras hier erwähnt sein sollen.

Wieder erschütterte ein Krieg Europa. Rußland und die Türkei standen 1877 in einem blutigen und aller Humanität hohnsprechenden Kampfe, der durch ein Schiedsgericht a posteriori, als welches man den Berliner Kongreß von 1878 bezeichnen kann, beigelegt wurde. Das Jahr 1878 sah neben dem Berliner Kongresse noch ein anderes Friedensschauspiel in der großen Pariser Weltausstellung. Anläßlich dieser Weltausstellung tagte dort wieder ein internationaler Friedenskongreß, der bereits einige fruchtbare Anregungen für die Organisation der Friedensbewegung gab.

In England entfaltete um diese Zeit Hodgson Pratt eine umfassende pazifistische Agitation. Er bereiste den Kontinent und gründete in Italien, Dänemark, Norwegen und Deutschland Friedensgesellschaften. Am 11. Dezember 1882 erklärte der Präsident Garfield in seiner Botschaft an den Kongreß an jeder Maßregel teilnehmen zu wollen, die imstande sei, den internationalen Frieden zu sichern. Aus diesem Anlaß machte

die Schweiz 1883 den Vereinigten Staaten den Vorschlag zum
Abschluß eines ständigen Schiedsvertrages zwischen beiden Ländern.
Im Jahre 1887 versuchte der Marquis von Bristol im
Hause der Lords die Regierung für die Schiedsgerichtsbarkeit
zu interessieren. Er hatte damit ebensowenig Erfolg wie seine
Vorgänger. Doch gelang es im selben Jahre dem rührigen
Randal W. Cremer 232 Mitglieder des Unterhauses und
36 Mitglieder des Hauses der Lords zu veranlassen, eine
Deputation von 12 Mitgliedern nach Washington zu entsenden,
um dort einen ständigen anglo=amerikanischen Schiedsvertrag zu
betreiben. Die Deputation, an deren Spitze sich Cremer be=
fand, wurde in Amerika mit großem Enthusiasmus aufgenommen.
Im selben Jahre befaßte sich das französische Parlament auf
Antrag Passys mit der Schiedsgerichtsbarkeit, und im Jahre
1888 gelang es Fred. Bajer im dänischen Folkething auf
Grund einer viele Tausende Unterschriften tragenden Petition,
eine Resolution zugunsten der Schiedsgerichtsbarkeit zur An=
nahme zu bringen.

Als Cremer von Amerika zurückkehrte, begab er sich mit
zehn Mitgliedern des englischen Parlaments nach Paris, wo
sich diese am 31. Oktober 1888 in einem Saale des Hotels
Continental mit 30 französischen Deputierten, an deren Spitze
Passy stand, zu einer Sitzung vereinigten, um Vorbereitungen
für die Abschließung eines englisch=französischen Schiedsvertrages
und eines Schiedsvertrages zwischen England und Frankreich
mit den Vereinigten Staaten zu besprechen. Gleichzeitig wurde
beschlossen, für das darauffolgende Jahr, für das in Paris
wieder eine Weltausstellung vorbereitet wurde, die schieds=
gerichtsfreundlichen Mitglieder aller Parlamente zu einer Kon=
ferenz einzuberufen. Mit diesem Beschluß wurde die nachher
so einflußreiche Interparlamentarische Union begründet.
Als Gladstone von jener Versammlung hörte, rief er aus:
„Der 31. Oktober 1888 ist ein historischer Tag."

In der Tat trat mit jenem Tage der alte Friedensgedanke
in eine neue Phase; er ist der Geburtstag der modernen
Friedensbewegung.

Die Interparlamentarische Union.

Das bezeichnende Merkmal der modernen Friedensbewegung
bilden die Organisationen, die sie sich gegeben und durch deren

Wirken es ihr gelungen ist, Einfluß auf die öffentliche Mei=
nung und in hohem Maße auf die politische Entwickelung zu
gewinnen.

An der Spitze dieser Organisationen steht die Inter=
parlamentarische Union, die durch die oben erwähnte
Pariser Zusammenkunft von 40 Mitgliedern zweier Parlamente
begründet wurde. Ihre Urheber sind die beiden bereits mit dem
Nobelpreis ausgezeichneten hervorragenden Pazifisten Randal
W. Cremer und Fréd. Passy.

„Die Interparlamentarische Union hat zum Zwecke, die
zu nationalen Gruppen konstituierten Mitglieder aller Parla=
mente zu gemeinsamer Tätigkeit zu vereinigen, und dafür zu
wirken, daß in allen Staaten, sei es durch die Gesetzgebung
oder durch internationale Verträge, der Grundsatz anerkannt
werde, daß die ausbrechenden Streitigkeiten einem Schiedsgerichte
zu übergeben seien, sowie auch über andere Gegenstände des
öffentlichen Rechtes zu verhandeln." (Art. 1 der Statuten.)
Die Interparlamentarische Union besitzt zurzeit in den Parlamenten
der nachfolgenden Länder Gruppen: Deutschland, England,
Österreich, Belgien, Bulgarien, Dänemark, Spanien, Vereinigte
Staaten von Amerika, Frankreich, Holland, Ungarn, Italien,
Norwegen, Portugal, Rumänien, Serbien, Schweden, Schweiz,
Rußland und Japan. Insgesamt 20 nationale Gruppen mit
ca. 5000 Mitgliedern. In den südamerikanischen Parlamenten
sind Gruppen in der Bildung begriffen. Staaten, die kein
Parlament besitzen, können Mitglieder von Senaten oder Räten
zur Teilnahme an den Versammlungen der Union delegieren.
Von dieser Befugnis hat bisher nur Monaco Gebrauch gemacht.

Die Interparlamentarische Union versammelt sich in der
Regel alljährlich in einer vorher zu bezeichnenden Stadt zur
Generalversammlung (interparlamentarische Konferenz). An der
Spitze der Interparlamentarischen Union steht der interparla=
mentarische Rat, der aus je zwei von der Generalversammlung
gewählten Mitgliedern eines jeden in der Interparlamentarischen
Union vertretenen Parlamentes besteht. Als Organ der Inter=
parlamentarischen Union dient das Interparlamentarische Amt
in Bern, das durch einen Generalsekretär verwaltet ist. Seit
der Gründung dieses Amtes im Jahre 1892 führt der Schweizer
Nationalrat Dr. Albert Charles Gobat die Geschäfte des
Generalsekretärs.

Bisher fanden 14 interparlamentarische Konferenzen statt, und zwar: I. zu Paris 29. bis 30. Juni 1889, Präsident Fréd. Passy; II. zu London 22. und 23. Juli 1890, Präsident Lord Herschell und Philipp Stanhope (heißt jetzt Lord Weardale); III. zu Rom 4. bis 7. November 1891, Präsident Kammerpräsident Biancheri; IV. zu Bern 29. bis 31. August 1892, Präsident Dr. E. Gobat; V. im Haag 4. bis 8. September 1894, Präsident Senator Rahusen; VI. zu Brüssel 13. bis 18. August 1895, Präsident Staatsminister Chevalier E. Descamps; VII. zu Budapest 23. bis 26. September 1896, Präsident Magnatenhauspräsident Dezidèr Szilàghi; VIII. zu Brüssel 9. bis 12. August 1897, Präsident Kammerpräsident Beernaert (am 30. September 1898 fand zu Brüssel eine Konferenz des interparlamentarischen Rates statt); IX. zu Christiania 2. bis 4. August 1899, Präsident Lagthingpräsident John Lund; X. zu Paris 31. Juli bis 2. August 1900, Präsident Senatspräsident Fallières (am 2. September 1901 fand eine Konferenz des interparlamentarischen Rates zu Brüssel statt); XI. zu Wien 7. bis 9. September 1903, Präsident ehemaliger Minister Dr. v. Plener; XII. zu St. Louis 12. bis 15. September 1904, Präsident Deputierter Richard Barthold, XIII. zu Brüssel 28. bis 31. September 1905, Präsident Staatsminister Beernaert; XIV. zu London 23. bis 25. Juli 1906, Präsident Lord Weardale (früher Philipp Stanhope); es wird beabsichtigt, die XV. Konferenz im Jahre 1907 zu Berlin abzuhalten.

Die interparlamentarischen Konferenzen verschaffen sich recht rasch Anerkennung und Bedeutung. Während die I. Konferenz zu Paris im Jahre 1889 von nur 99 Parlamentariern aus neun Parlamenten (davon aus sechs Parlamenten nur je ein Mitglied!) besucht war, beteiligten sich an der XIV. Konferenz zu London über 500 Mitglieder aus 23 Parlamenten. Die ersten Sitzungen fanden, von den Regierungen und der Presse unbeachtet, in gemieteten Räumen statt. Von 1892 ab versammelten sich die Mitglieder bereits in den Sitzungssälen der parlamentarischen Körperschaften mit Ausnahme der Konferenz von St. Louis, die im Kongreßgebäude der Weltausstellung stattfand, und der letzten Konferenz zu London, wo die historische Royal Gallery im Parlamentsgebäude zu den Sitzungen eingeräumt wurde.

Die Regierungen jedes Landes, in denen die Konferenzen tagten, begrüßten diese seit 1891 offiziell; seit 1900 wurden die Teilnehmer in der Regel auch von den Staatsoberhäuptern empfangen. Die Bedeutung der Konferenz für die Ausbildung der friedensrechtlichen Beziehungen und des Völkerrechtes wuchs mit jedem Jahre. Ihr Anteil an dem Zustandekommen und an den Arbeiten der ersten Haager Konferenz, wie an dem Zustandekommen der bevorstehenden zweiten Konferenz im Haag ist bekannt. Immer stärker tritt der Gedanke auf, die Interparlamentarische Union zu einer offiziellen internationalen Vertretung der Parlamente zu machen und ihr den Charakter einer internationalen beratenden Versammlung zu geben.

Auf den ersten Konferenzen zu Paris, London und Bern begnügte sich die Union neben der Feststellung ihrer Organisation, den Regierungen den Abschluß von Schiedsverträgen zu empfehlen, unterdessen aber Schiedsgerichtsklauseln in alle internationalen Verträge einzufügen; sie verpflichtete ferner ihre Mitglieder, im Sinne der Union in ihren Parlamenten zu wirken. Auf der Konferenz im Haag (1894) wurde auf Grund eines von dem englischen Deputierten Philipp Stanhope (nachmals Lord Weardale) erstatteten Berichts über die Organisation eines ständigen Schiedsgerichtshofs beschlossen, eine sechsgliedrige Kommission mit der Ausarbeitung einer derartigen Organisation zu betrauen; sie wurde beauftragt, der nächsten Konferenz einen Entwurf, für den bestimmte Prinzipien angegeben wurden, zu unterbreiten. Die Konferenz drückte gleichzeitig den Wunsch aus, daß die Mächte sich über den Zusammentritt eines internationalen Kongresses verständigen möchten, der den Zweck hätte, das Schiedsgerichtsverfahren zu studieren. Auf der darauffolgenden Konferenz zu Brüssel (1895) legte der im Haag gewählte Ausschuß einen ausgearbeiteten Entwurf über einen ständigen internationalen Schiedsgerichtshof in 14 Artikeln vor, der daselbst zur Annahme gelangte. Die Versammlung erteilte ihrem Präsidenten Chevalier Descamps den Auftrag, den Entwurf den Mächten zur Prüfung zu empfehlen. Descamps erledigte sich dieses Auftrages, indem er den Entwurf mit einer von ihm verfaßten „Denkschrift an die Mächte" den Regierungen überreichte. Die Konferenz zu Budapest des nächstfolgenden Jahres beauftragte ihr Bureau, mit den europäischen Regierungen Fühlung zu nehmen, daß einige von ihnen

den in Brüffel angenommenen Entwurf für den Schiedsgerichtshof
akzeptieren.   Der Konferenz wohnte im Auftrage der ruffischen
Regierung Herr von Basily, ein ruffischer Diplomat, bei, der
dem Zaren Bericht erstattete.   In Brüffel (1897) wiederholte
die Konferenz eindringlicher ihren schon früher geäußerten
Wunsch, daß einige Mächte die Initiative zur Errichtung eines
ständigen Schiedshofes übernehmen möchten.   Im darauffolgenden
Jahre war der zu Brüffel versammelte interparlamentarische
Rat bereits in der Lage, dem ruffischen Minister Murawieff
die Bitte zu unterbreiten, dem Zaren den Dank der Union
dafür abzustatten, daß er die Initiative zur Einberufung einer
Friedenskonferenz ergriff.   Auf der Haager Konferenz gehörte
der Schiedshofentwurf der Union zum Material der dritten
Kommiffion, und Chevalier Descamps wurde zum Berichterstatter
jener Kommiffion ernannt.   (Siehe oben das Kapitel über die
Haager Konferenz.)   Die Konferenz von 1899 zu Christiania,
die unmittelbar nach Schluß der Haager Konferenz stattfand,
drückte bereits den Wunsch nach dem baldigen Zusammentritt einer
neuen Haager Konferenz aus, die das Schiedsgerichtsprinzip weiter
ausbauen sollte.   Die Versammlung dankte dem Zaren und den
Staatsoberhäuptern der an der Konferenz im Haag beteiligt
gewesenen Regierungen für die nunmehr unternommene Initiative
und konstatierte mit Genugtuung, in den Ergebniffen des Haager
Werkes die prinzipielle Annahme ihres im Jahre 1895 aus=
gearbeiteten Schiedshofentwurfes zu erkennen.   Die Konferenz
faßte alsdann noch mehrere Beschlüffe, deren einer u. a. dahin
ging, daß die Mitglieder der Union in ihren Parlamenten dazu
beitragen sollen, das Haager Werk zur allgemeinen Anerkennung
und Vervollkommnung zu bringen.   Die darauffolgende Konferenz
zu Paris (1900) faßte einige ähnliche Beschlüffe.   Sie forderte
namentlich ihre Mitglieder auf, ihre Regierungen zu veranlaffen,
unter Bezugnahme auf den § 19 der Haager Konventionen obli=
gatorische Schiedsverträge abzuschließen.   Die Sitzung des inter=
parlamentarischen Rates im Jahre 1901 drückte den Wunsch
aus, daß die Haager Konventionen allen Staaten zugänglich
gemacht und daß die neuen Schiedsinstitutionen für alle inter=
nationalen Streitigkeiten in Verwendung gezogen werden mögen.
Im Jahre 1903, zu Wien, konnte die Konferenz zu ihrer Ge=
nugtuung konstatieren, daß mehrere Staaten bereits den Haager
Hof in Anspruch genommen hatten.   Sie forderte die Staaten

auf, untereinander ständige Schiedsverträge abzuschließen und
bei Streitfällen sich vorzugsweise an den Haager Hof zu wenden.
Sie drückte ferner den Wunsch aus, daß sich die Staaten verständigen möchten, auf welche Weise die im § 27 ausgedrückte
Pflicht, streitende Mächte auf den Haager Hof aufmerksam zu
machen, gemeinsam zu erfüllen wäre, und daß so bald als
möglich eine neue Konferenz jene von der ersten Haager Versammlung auf eine spätere Beratung verschobenen Fragen, wie
den im Jahre 1899 unterbreiteten Entwurf Rußlands über
die Beschränkung der Rüstungen, erörtern möge. Auf der Konferenz zu St. Louis (1904) konnte die Union mit Genugtuung die zwischen zahlreichen Ländern abgeschlossenen ständigen
Schiedsverträge konstatieren und der Hoffnung Ausdruck geben,
daß ähnliche Verträge folgen werden. Sie drückte ferner den
Wunsch aus, daß sich eine neue Konferenz vereinigen möchte,
um neben den auf der ersten Haager Konferenz vertagten Entwürfen einen allgemeinen Schiedsvertrag mehr obligatorischer
Natur und die Möglichkeit der Einrichtung eines ständigen
Staatenkongresses zu beraten. Sie beschloß, den Präsidenten der
Vereinigten Staaten zu ersuchen, die Mächte einzuladen, sich
auf dieser Konferenz vertreten zu lassen. Die Mitglieder der
Konferenz übermittelten dieses Ersuchen dem Präsidenten Roosevelt
im Weißen Hause und erhielten von diesem die Zusicherung,
daß er in nächster Zeit einen Appell für den Zusammentritt
der angeregten Konferenz erlassen werde. Die Brüsseler Konferenz des Jahres 1895 konnte mit Genugtuung konstatieren,
daß dank der vom Präsidenten Roosevelt unternommenen Initiative die Einberufung einer zweiten Haager Konferenz ge-
sichert sei und stellte nochmals die Punkte auf, die sie auf
dieser Konferenz gern beraten sehen möchte. Unter diesen
figurieren in der Hauptsache die Beschränkung der Streitkräfte
und Kriegsbudgets und die Ausarbeitung eines allgemeinen
Schiedsvertrages. Die nächste Konferenz sollte erst im Jahre
1907 in London stattfinden. Auf Wunsch der englischen
Regierung vereinigte sie sich bereits im Jahre 1906 in London und wurde dort mit großen Ehren empfangen. Sie
befaßte sich ausschließlich mit den Arbeiten der künftigen Haager
Konferenz und empfahl, daß diese Konferenz periodisch zusammentreten, und daß die Mächte einen permanenten konsul-
tativen Rat einsetzen mögen, dem es obliegen sollte, das inter-

nationale Recht zu kodifizieren und auszubilden. Es wurde ein Modell für einen allgemeinen Schiedsvertrag angenommen, der der Haager Konferenz als Material überwiesen werden soll, und der Wunsch ausgedrückt, daß die Frage der Rüstungsbeschränkungen auf das Programm der nächsten Konferenz gestellt werde. Sie sprach sich auch für die Bildung eines Friedensbudgets aus, das in einem Bruchteil der für Kriegszwecke verausgabten Summe bestehen solle.

Es sei noch erwähnt, daß sich die Interparlamentarische Union im Laufe ihrer Konferenzen noch mit vielen anderen völkerrecht=lichen Problemen befaßte (so mit dem Schutz des Privat=eigentums im Seekriege), daß sie ferner verschiedene Schritte unternahm, um Schiedsverträge anzubahnen, um in Streit=fällen friedliche Mittel anzuempfehlen, unternommene friedliche Aktionen billigte, erreichte Erfolge guthieß und in vielen Fällen ihrem Bedauern Ausdruck gab, daß friedliche Mittel zur Bei=legung irgendeines Streites nicht zur Anwendung gelangten. Man wird zugeben müssen, daß das Werk der Interparlamentarischen Union in der kurzen Dauer ihres Bestandes nicht nur eine ungeheure Arbeitsleistung umfaßt, sondern auch von ganz außer=ordentlichen Erfolgen gekrönt war.

Die Organisation der Friedensgesellschaften.

Unmittelbar nachdem in Paris der Grundstein zur Bildung der Interparlamentarischen Union gelegt wurde, versammelten sich am 11. November 1888 in der Wohnung von Charles Lemmonnier die Mitglieder von fünf französischen und drei fremden Friedensgesellschaften und beschlossen für das Welt=ausstellungsjahr 1889 die Einberufung eines Weltfriedens=kongresses der Friedensgesellschaften nach Paris.

Mit diesem Beschluß wurde der Anfang zu einer dauernden Organisation der in allen Ländern aufstrebenden Friedensgesell=schaften gelegt, die zunächst in der Gründung des Internatio=nalen Friedensbureaus in Bern ihren Ausdruck fand.

Das internationale Friedensbureau wurde von dem dänischen Deputierten Fréd. Bajer schon im Jahre 1890 auf dem Lon=doner Kongreß angeregt. Der Vorschlag stieß damals noch auf Widerstand. Am Kongreß zu Rom im Jahre 1891 gelang es Bajer seinen Antrag zur Annahme zu bringen. Es wurde eine

fünfgliedrige Kommission erwählt, die mit der provisorischen
Organisation eines in Bern zu errichtenden Bureaus betraut
wurde. Der Berner Kongreß im Jahre 1902 bestätigte das
einstweilen provisorisch errichtete Bureau und genehmigte seine
Statuten.

Das internationale Friedensbureau in Bern hat
folgende Obliegenheiten: Es dient Vereinigungen und einzelnen
an dem Friedenswerke arbeitenden Personen mit Auskünften,
die sich auf die Propaganda und die Vertretung der gemein=
samen Ideen beziehen, und vermittelt den Verkehr der Gesell=
schaften und Personen untereinander. Es bereitet die inter=
nationalen Friedenskongresse vor, studiert die diesen zur Be=
ratung übergebenen Fragen und führt die Beschlüsse aus. Es
unterhält ein Archiv und eine Bibliothek über alles, was die
Friedensbewegung berührt. Das Bureau hat die Vollmacht,
in dringenden Fällen, bei Auftauchen internationaler Konflikte,
sich an die Regierungen und an die Öffentlichkeit zu wenden
und eine friedliche Lösung zu erleichtern. Es bildet eine den
Schweizer Gesetzen entsprechende Gesellschaft mit juristischer
Persönlichkeit und untersteht der Oberaufsicht eines ständigen
internationalen Komitees von 26 Mitgliedern, die zurzeit
15 Nationalitäten angehören. Präsident dieses Komitees ist
Fréd. Bajer in Kopenhagen, Vizepräsidentin Baronin von Suttner
in Wien. Das Ehrensekretariat hatte seit der Begründung
des Bureaus bis zu seinem am 7. Dezember 1907 erfolgten
Tode Elie Ducommun in Bern inne; es wird jetzt von
Henri Morel in Gemeinschaft mit Charles Gobat verwaltet.

Das Budget des Bureaus erreicht ungefähr die Höhe von
8—10000 Franken. Die Regierungen der Schweiz, Dänemarks
und Norwegens gewähren eine jährliche Subvention von zu=
sammen ca. 2700 Franken. Die Regierung von Schweden hat
einen einmaligen Beitrag geleistet. Der Rest des Bedarfs
wird durch private Leistungen aufgebracht. Alljährlich finden
eine Generalversammlung des Bureaus und in der Regel zwei
Versammlungen des ständigen Komitees statt. Das Bureau
veröffentlicht die „Correspondance-bi-mensuel", alljährlich eine
Liste der Friedensgesellschaften und der Vereine, die dem Bureau
ihre Anhängerschaft erklärt haben, sowie je nach Bedarf doku=
mentiertes Material zur Förderung des Friedens. Seit dem
Jahre 1902 verwaltet das Bureau den von Johann von Bloch

gestifteten Blochfonds und seit 1904 die internationale Friedens=
propagandakasse.

Die mit dem Jahre 1889 beginnenden Friedens=
kongresse haben als „Weltfriedenskongresse" eine neue Reihe
periodischer internationaler Vereinigungen für die Propaganda
der Friedensidee ins Leben gerufen, deren Tagungen mit
wenigen Ausnahmen fast jedes Jahr stattfanden. Bisher haben
fünfzehn solcher Kongresse getagt, und zwar: I. zu Paris vom
23.—27. Juli 1889, Präsident: Frédéric Passy; II. zu
London 14.—19. Juli 1890, Präsident: David Dudley
Field; III. zu Rom 11.—14. November 1891, Präsident: der
ehemalige Minister und Deputierte Rugghero Bonghi; IV.
zu Bern 22.—27. August 1892, Präsident: Bundesrat Louis
Ruchonnet; V. zu Chicago 14.—20. August 1893, Präsident:
Hilfsstaatssekretär Josiah Quincy; VI. zu Antwerpen 29. August
bis 1. September 1894, Präsident: Senator Houzeau de Le=
haie; VII. zu Budapest 17.—21. September 1896, Präsident:
General Stephan Türr; VIII. zu Hamburg 12.—16. August
1897, Präsident: der Vorsitzende der Deutschen Friedensgesell=
schaft Dr. Adolf Richter (im Jahre 1898 fand eine erweiterte
Generalversammlung des internationalen Friedensbureaus in
Turin statt); IX. zu Paris 30. September bis 5. Oktober 1900,
Präsident: Professor Ch. Richet; X. zu Glasgow 10.—18. Sep=
tember 1901, Präsident: Deputierter Joseph W. Pease;
XI. zu Monaco 2.—6. April 1902, Präsident: Gaston Moch;
XII. zu Rouen und Havre 22.—27. September 1903, Präsident:
Emile Arnaud; XIII. zu Boston 3.—7. Oktober 1904,
Präsident: Robert Trait Paine; XIV. zu Luzern 19.—23.
September 1905, Präsident: Elie Ducommun; XV. zu Mai=
land 19.—22. September 1906, Präsident: E. T. Moneta.
Der XVI. Weltfriedenskongreß soll im Jahre 1907 zu München
stattfinden.

Auch die Weltfriedenskongresse fanden anfangs wenig Be=
achtung seitens der Öffentlichkeit. Aber bereits der III. Kon=
greß zu Rom, dessen Sitzungen im Kapitol stattfanden,
wurde von den Vertretern der Regierung und der Stadt
feierlich begrüßt. Von da ab fehlten die offiziellen Begrüßungen
nicht mehr. Die Kongresse von 1902, 1903, 1904, 1905
fanden unter dem Protektorate der Staatsoberhäupter jener
Länder statt, in denen die Tagung vor sich ging; der Kongreß

von 1906 unter dem Protektorate des italienischen Ministers des Äußeren. Die Zustimmungen offizieller Kreise mehrten sich, die Presse begann sich ausführlich mit den Kongressen zu beschäftigen und ein weiter Kreis der Öffentlichkeit fing an, an ihren Beratungen lebhaftes Interesse zu nehmen. Aus fast allen Ländern Europas, wie aus den Vereinigten Staaten kommen jährlich zahlreiche Delegierte. Der günstige Einfluß der Kongreßverhandlungen auf die öffentliche Meinung steht außer Frage.

Die Arbeiten der Weltfriedenskongresse lassen sich in drei Kategorien teilen. Da ist in erster Linie die Stellungnahme zu den politischen Aktualitäten, bei deren Beratung das moderne Kulturgewissen beredten Ausdruck findet und gar oft als ein Mahnruf der Vernunft und des fortschrittlichen Geistes in die Welt hinausgeht. Da ist in zweiter Linie das juristische Gebiet, wo auf eine Ausgestaltung und Festigung des internationalen Rechtes hingearbeitet wird, und in dritter Linie das weite Gebiet der Propaganda. Innerhalb dieser Gebiete befaßten sich die Kongresse mit der Aufstellung gewisser Grundsätze für die internationale Politik; so mit dem Fremdenschutz, der Staatengleichheit, der Moral in der Politik; sie stellten die Grundsätze für ein modernes Völkerrecht fest und arbeiteten einen Völkerrechts- und einen Schiedsgerichtskodex aus; sie forderten Regierungskonferenzen, unterstützten das Haager Werk durch die Propagierung seiner Ergebnisse, sie befürworteten und reglementierten eine Union für Friedensführung (im Gegensatz der bisherigen Kriegsführungsverbindungen); sie vertieften und entwickelten das Problem der Schiedsgerichtsbarkeit, besonders auch das Problem der Schiedsgerichtssanktion; sie erörterten und kommentierten das Nationalitätenprinzip und Nationalitätenrecht; sie legten die Rechtsbeziehungen mit nichtzivilisierten Völkern dar und arbeiteten einen Kodex für eine zivilisierte Behandlung der Eingeborenen aus; sie studierten die Fragen, die den Frieden zu bedrohen imstande sind, befürworteten den Freihandel und die wirtschaftlichen Interessen der Völker, traten für einheitliche Maße, Gewichte und Tarife, wie für die Annahme einer internationalen Hilfssprache ein; sie erörterten das Problem der Rüstungsbeschränkung und protestierten gegen die unaufhörliche Vermehrung der Rüstungsausgaben; sie versuchten die Aufstellung einer Kriegsstatistik und die Ergründung der Be-

dingungen künftiger Kriege; sie erörterten und kommentierten
völkerrechtliche Fragen, wie das Recht der Neutralität, der
Kriegserklärung, der Kriegsanleihen; sie traten für die Un=
verletzbarkeit des menschlichen Lebens ein, kämpften gegen das
Duell an und regelten und vermehrten die wechselseitigen Be=
ziehungen der Friedensgesellschaften. Sie erörterten die Fragen
der Friedenspropaganda bei Wahlen, durch die Presse, durch die
Schule, durch Religionsgenossenschaften und bei vielen anderen
Veranlassungen; sie veranlaßten Petitionen und Kundgebungen
mannigfachster Art. Zu den traurigen Ereignissen in der
Türkei, in Armenien, Mazedonien und Rußland, wie zum
türkisch=griechischen Konflikt, zum Konflikt zwischen Chile und
Argentinien, zwischen Spanien und den Vereinigten Staaten,
zum Kriege in Südafrika und im äußersten Osten usw. nahmen
die Kongresse Stellung.

Im Laufe der Jahre gelang es ihnen dadurch das pazi=
fistische Problem zu vertiefen und zu entwickeln. Die ursprüng=
lichen einfachen Forderungen der Friedensfreunde haben sich mit
der Zeit zu einem komplizierten und verfeinerten System ent=
wickelt. Das von den Kongressen geleistete Werk bildet daher
einen großen Schatz geistiger Arbeit im Dienste der Völker=
verständigung und rationellen Friedenssicherung. Seit der Be=
gründung der regelmäßigen Weltfriedenskongresse und des inter=
nationalen Friedensbureaus in Bern nahmen daher auch die
pazifistischen Aktionen in den einzelnen Ländern einen regen
Aufschwung.

Die Friedensbewegung in den verschiedenen Ländern.

In Deutschland wurde schon 1850 unter der Einwirkung
des Frankfurter Friedenskongresses zu Königsberg eine Friedens=
gesellschaft begründet. Eduard Löwenthal rief 1874 in Berlin
eine Friedensgesellschaft ins Leben, die sich wie die von Hodgson
Pratt in den fünfziger Jahren veranlaßten Gründungen zu
Frankfurt, Darmstadt und Stuttgart nicht halten konnte. Nur
Franz Wirth in Frankfurt a. M. vermochte einige Tätigkeit
auszuüben. Dem im Jahre 1890 erschienenen Roman „Die
Waffen nieder!" von Baronin von Suttner gelang es erst,
das Interesse weiterer Kreise für die Friedensidee zu entflammen.
Unter dem Einfluß dieses Romanes und unter der Wirkung
des nach Rom einberufenen III. Weltfriedenskongresses ver=

mochte die tapfere Frau im Jahre 1891 in Wien die öster=
reichische Friedensgesellschaft zu begründen, als deren
unmittelbare Folge die in Berlin veröffentlichte, von der Baro=
nin Suttner redigierte erste deutsche Friedensfachzeitschrift, die
Revue „Die Waffen nieder!" Anfang 1892 erschien. Durch
diese Taten — den Roman, die Wiener Gesellschaft und die
Revue — war der Boden für eine deutsche Friedensgesellschaft
genügend vorbereitet worden, deren Gründung dem Verfasser
dieser Schrift im Jahre 1892 gelang. Die Gründung fiel
gerade in die Zeit der Beratungen über die große Militär=
vorlage, wegen deren Nichtbewilligung 1893 der deutsche Reichs=
tag aufgelöst wurde. Sie kam nicht ohne Schwierigkeiten
zustande und fand in einem großen Teil der öffentlichen Mei=
nung lebhaften Widerspruch. Bald gelang es jedoch, die Gesell=
schaft durch Ortsgruppengründung über ganz Deutschland aus=
zudehnen, woran besonders Franz Wirth in Frankfurt,
Richard Reuter in Naumburg und Richard Feldhaus
(jetzt in Basel) beteiligt waren. In Baden entwickelten
Dr. Adolf Richter, in Stuttgart neben vielen ausdauernden Vor=
kämpfern Otto Umfrid, Graf Bothmer in Wiesbaden, Justiz=
rat Heilberg in Breslau usw. usw. eine rege Tätigkeit. Eine
Zeitlang wandte M. von Egidy die ganze Wucht seiner außer=
ordentlichen Persönlichkeit der Friedenspropaganda zu, der er nur
zu früh durch seinen 1898 erfolgten Tod entrissen wurde. Später
trat Prof. Quidde in München mit vielem Erfolg in die
Reihe der pazifistischen Agitatoren. Dr. E. Schlief hatte 1892
sein grundlegendes Werk „Der Friede in Europa" veröffentlicht,
hielt sich jedoch von der Arbeit in den Vereinen fern. Die
Deutsche Friedensgesellschaft, deren Sitz im Jahre 1900 nach
Stuttgart verlegt wurde, da der deutsche Süden den pazifistischen
Ideen eine regere Anteilnahme entgegenbringt als der Norden,
und die seit dieser Zeit unter dem Vorsitz Dr. Adolf Richters
steht (Vizepräsident: O. Umfrid), umfaßt zurzeit 76 Ortsgruppen
in allen Teilen des Reiches. Jährlich hält sie an verschiedenen
Orten Deutschlands Delegiertenversammlungen ab. Ihre Tätig=
keit beruht zumeist in der Veranstaltung von Vorträgen, Ver=
breitung von Flugschriften und Broschüren, Bearbeitung der
Presse, Beeinflussung des Jugendunterrichtes und der Religions=
genossenschaften, wie in einer den pazifistischen Standpunkt
gerecht werdenden Stellungnahme zu den Ereignissen der aus=

wärtigen Politik. Wiederholt nahm die Friedensgesellschaft
Gelegenheit, durch Petitionen an den Reichstag oder an den
Reichskanzler friedliche Maßnahmen zu empfehlen und pazifistische Gesichtspunkte zum Ausdruck zu bringen oder das Augenmerk auf irgendeine Gefahr oder einen Mißstand zu lenken.
Die Einberufung der Haager Konferenz und die schlechte Aufnahme, die diese in der öffentlichen Meinung Deutschlands fand,
gab den deutschen Pazifisten Veranlassung zu lebhaften Kundgebungen für diese Konferenz. Während des Burenkrieges traten
die Pazifisten auch in Deutschland für die Buren ein, jedoch
ohne, wie dies von anderer Seite geschah, eine feindliche Tendenz gegen England zu richten. Sie förderten nach Abschluß
der Haager Konferenz und nach Eröffnung des Haager Schiedshofes die Anerkennung der neu geschaffenen Friedenseinrichtung
und deren Verständnis. Die mit dem Jahre 1903 anhebende
Schiedsgerichtsbewegung gab den Pazifisten Veranlassung, darauf
hinzuwirken, daß auch das Deutsche Reich Schiedsverträge
abschließe. Zur Zeit des russisch-japanischen Krieges unterließen es die Vertreter des Friedensgedankens nicht, auf das
Verbrecherische dieses Krieges hinzuweisen; sie suchten, wenn auch
vergeblich, die deutsche Regierung für eine Friedensvermittelung
zu interessieren. Im Jahre 1898 richtete die Deutsche Friedensgesellschaft an die verschiedenen deutschen Landtage eine Petition
wegen Verbesserung der Schulbücher im pazifistischen Sinne,
die im preußischen Abgeordnetenhause und in der badischen
Kammer zu interessanten Debatten führte und, wenigstens in
Baden, auch greifbare Erfolge zeitigte.

Ein großes Verdienst erwarben sich die deutschen Friedensfreunde durch ihre Unternehmungen zu einer Verständigung mit
Frankreich und England, die nach beiden Richtungen große
Ergebnisse zeitigten. Namentlich die in letzter Zeit so großen
Umfang annehmende Verständigungsaktion zwischen Deutschland
und England ist ausschließlich das Werk der Pazifisten. Die
deutschen und die englischen Delegierten auf dem Luzerner
Friedenskongreß des Jahres 1905 bildeten dort das anglo-
deutsche Freundschaftskomitee, das sich zunächst mit einem gemeinsamen Aufruf an die Presse beider Länder wandte und in
der Folge in England wie in Deutschland große Versammlungen
arrangierte, an denen sich die hervorragendsten Persönlichkeiten
beider Länder aktiv oder durch Zustimmung beteiligten. Die

äußerst ergebnisreichen und eine friedliche Verständigung der beiden Völker mit großem Erfolg anbahnenden Besuche der deutschen Bürgermeister und der deutschen Journalisten in London waren das Werk dieses aus der Friedensbewegung hervorgegangenen Komitees.

Der Haupterfolg der pazifistischen Bewegung in Deutschland liegt in der Umstimmung eines großen Teiles der deutschen Völkerrechtswissenschaft und der deutschen Presse zugunsten dieser zu Anfang von beiden Faktoren sehr verachteten Bestrebungen.

Ähnlich wie in Deutschland entwickelte sich die Friedens= bewegung auch in Österreich, nur mit dem Unterschiede, daß dort in Anbetracht des anpassungsfähigeren süddeutschen Tem= peramentes der Bewegung von seiten der höheren Gesellschafts= schichten, der Regierung und Beamtenwelt mehr Förderung zu= teil wurde, als im Reiche. Bezeichnend dafür ist der Umstand, daß der Verband der österreichischen Staatsbeamten mit seinen nahezu 50000 Mitgliedern im Jahre 1906 der Friedens= gesellschaft mit der ausdrücklichen Betonung beitrat, damit ein kulturelles Werk zu fördern, da durch eine Verminderung der Rüstungen, die eine Folge der von den Friedensgesellschaften erstrebten Politik sein müsse, die materielle Lage der Staats= beamten eine bessere werden müsse.

Mehr noch als in Deutschland und Österreich gewann die Friedensbewegung bei den großen Kulturvölkern des europäischen Westens an Boden Frankreich besitzt z. B. 38 Friedens= gesellschaften, von denen 7 Gesellschaften allein 129 Gruppen zählen. Hierzu kommen noch 73 Volksuniversitäten, 16 Konsum= genossenschaften und 30 Arbeiterbörsen, die sich an die Friedens= gesellschaften anschlossen. Die einzelnen Gruppen der Gesell= schaften und der angeschlossenen Korporationen umfassen Mit= gliederzahlen von 25 bis 5000, so daß mindestens 300000 Personen in den französischen Friedensgesellschaften organisiert sind. Diese Zahl erhält eine bedeutende Erhöhung, wenn man bedenkt, daß eine dieser Gruppen, die sich aus 400 Parlamen= tariern zusammensetzt, Millionen französischer Wähler vertritt. Die Hauptgesellschaften sind folgende: Die „Groupe parlamen- taire français de l'Arbitrage int.", im Jahre 1902 von ihrem jetzigen Präsidenten, dem Senator Baron d'Estournelles de Constant begründet; Ehrenpräsident ist der berühmte Gelehrte Berthelot. Die im Jahre 1867 von Fréd. Passy begründete

„Société franç. d'Arbitrage entre nations" (siehe oben S. 64), deren Ehrenpräsident Fréd. Passy ist, während der hervorragende Physiologe Professor Charles Richet als Präsident wirkt. Die gleichfalls im Jahre 1867 von Lemonnier begründete „Ligue de la Paix et de la Liberté" (siehe oben S. 64), der heute Emile Arnaud vorsteht. Die im Jahre 1887 von einer Anzahl junger Leute begründete „Association de la Paix par le Droit", deren Gründer heute zum größten Teil als Professoren, Staatsanwälte, Advokaten öffentliche Ämter be= kleiden und nach wie vor der Gesellschaft und der Sache ihre Tätigkeit widmen; Präsident Professor Th. Ruyssen (Aix-en-Province). Die im Jahre 1896 von der verstorbenen Prin= zessin von Wißzniewska begründete „Alliance universelle des femmes pour la paix par l'éducation"; Präsidentin Mme. Maria Chéliga. Die im Jahre 1899 von ihrer derzeitigen Präsidentin Mme. Camille Flammarion, der Gattin des berühmten Astronomen, begründete „Association pour la paix et le dés-armement par les femmes". Die im Jahre 1901 von Mme. Carlier (Croisilles) begründete und seitdem geleitete „Société de l'éducation pacifique", die mit den ihr angeschlossenen Ge= sellschaften allein 65 Sektionen zählt. Die im Jahre 1899 von ihrem jetzigen Präsidenten, dem Pastor Allégret in Brive begründete „Société chretienne des amis de la paix" und die ebenfalls von ihrem Präsidenten, dem Arzt Dr. Rivière, im Jahre 1904 begründete „Association des médecins contre la guerre". Alle französischen Friedensgesellschaften haben ihre Vertretung in der im Jahre 1896 auf Anregung von Gaston Moch begründeten, 1902 erweiterten „Delégation permanente des Sociétés français de la Paix", deren Ehrenpräsident Fréd. Passy ist und als deren Präsident Professor Charles Richet wirkt.

Die französische Friedensbewegung ist der deutschen schon durch ihr Alter überlegen. Die Idee fand dort, wie wir oben gesehen haben, schon in der ersten Hälfte des Jahrhunderts zahlreiche und beredte Vertreter. Die republikanische Verfassung trug außerdem dazu bei, daß die pazifistisch gesinnten Kreise immer mehr Macht bekamen, bis diese nach der großen Dreyfus= krise an die Regierung gelangten. Heute ist nicht nur das Staatsoberhaupt der Republik Pazifist (er hat als solcher der X. interparlamentarischen Konferenz zu Paris präsidiert), auch die Mehrheit der Kammer und die Minister gehören der pazifistischen Partei an. Die Friedensidee wurde in Frankreich auch durch die zahlreichen in den letzten Jahren auf französischem Boden abgehaltenen Friedenskongresse genügend verbreitet und gefestigt. Die internationalen Kongresse von 1889, 1900, 1902 und 1903, die interparlamentarischen Konferenzen von 1889 und 1900 fanden in Frankreich statt, ebenso die nationalen französischen Friedenskongresse von Toulon (1902), Nîmes (1904), Lille (1905) und Lyon (1906), die in Frankreich eine ständige Einrichtung der pazifistischen Aktion bilden.

Die Regierung hat diese Kongresse stets begünstigt. Die internationalen Kongresse standen unter dem Protektorate des Staatsoberhauptes; Minister eröffneten und schlossen sie, wie Millerand im Jahre 1900, Trouillot im Jahre 1903. Ebenso werden die nationalen Kongresse begünstigt, deren Ehrenpräsidenten gewöhnlich die Präfekten des Departements sind. Auf diese Weise ist es den französischen Pazifisten möglich, ganz anders auf die Öffentlichkeit zu wirken, als dies in anderen Ländern der Fall ist. Ihre Volksversammlungen, zu denen oft Tausende von Hörern sich einfinden und bei denen die hervorragendsten und populärsten Redner des Landes hervortreten, ebenso ihre Bankette zur Feier von Friedenstagen am 22. Februar oder am 18. Mai (Eröffnungstag der Haager Konferenz) bilden Ereignisse, von denen im ganzen Lande gesprochen wird. Volkshochschulen veranstalten Vorlesungen über die Friedensidee, eine eigene „Friedensschule" mit regelmäßigen Kursen ist kürzlich in Paris errichtet worden. Die Deputiertenkammer und der Senat beschäftigen sich häufig mit pazifistischen Problemen, und es finden sich bei den Debatten über die auswärtige Politik immer glänzende Redner, die die pazifistischen Forderungen mit Nachdruck zur Geltung bringen. Im Jahre 1902 trat der große Verband der französischen Volksschullehrer mit seinen 115 000 Mitgliedern den pazifistischen Anschauungen bei und wählte die Worte „Krieg dem Krieg" als Wahlspruch. Die Freimaurer haben sich schon lange der Bewegung zugesellt und feiern in ganz Frankreich in besonders festlichen Sitzungen den Eröffnungstag der Haager Konferenz. Die Presse beschäftigt sich eingehend mit der Idee und läßt deren zahlreiche Vertreter dauernd zu Wort kommen. Die Wissenschaft erörtert in umfangreicher Weise das Problem. Zahlreiche und bedeutende Werke erscheinen, in denen der Pazifismus von der völkerrechtlichen wie von der soziologischen Seite behandelt und entwickelt wird.

So konnte es natürlich kommen, daß, als Präsident Krüger im Jahre 1901 in Paris weilte, die auf den Straßen angesammelte Menge in den Ruf „Schiedsgericht! Schiedsgericht!" einstimmte und damit eine Erklärung der Straße für den Frieden gab, der Straße, die sonst immer eine so gefährliche Rolle zugunsten des Krieges gespielt hat.

Die Zahl der werktätigen Pazifisten Frankreichs ist außerordentlich groß. Neben dem Doyen der Bewegung Fréd. Passy finden wir eine stattliche Schar von Männern und Frauen, die sich die Erkämpfung des gesicherten Rechtsfriedens zur Lebensaufgabe gemacht haben. Darunter oft die Träger weltbekannter Namen. Hier ist als einer der erfolgreichsten Pazifisten in erster Linie der Senator d'Estournelles de Constant zu nennen, der seine diplomatische Laufbahn aufgab und sich ganz der Friedenskarriere widmete. Er war es, der den Friedensgedanken auf der Haager Konferenz in folgerichtiger Weise vertrat und dem verschiedene friedensrechtliche Ergebnisse dieser Konferenz von Bedeutung zu danken sind. Er war es auch, der den Haager Hof zum Leben erweckte, indem er in Washington den Präsidenten Roosevelt veranlaßte, der neuen Einrichtung Beschäftigung zu geben. Er war es, der seine große Gruppe schiedsgerichtsfreundlicher Parlamentarier 1903 nach London führte und dort die franko-englische „Entente cordial" und den franko-englischen Schiedsvertrag anbahnte. Auch der Gegenbesuch englischer Parlamentarier und der Empfang skandinavischer Parlamentarier in Paris, womit das System der internationalen Massenbesuche in die Politik eingeführt wurde, ist d'Estournelles' Werk. Er ist der Gründer und der Präsident einer der „Conciliation internationale" gewidmeten Gesellschaft, deren Aufgabe unter anderem auch darin besteht, gute Beziehungen zu Deutschland anzuknüpfen, die Baron d'Estournelles bei zweimaligem Empfang durch Kaiser Wilhelm persönlich in die Wege leitete. Daß er von Kaiser Wilhelm anläßlich seiner Wahl in den Senat beglückwünscht wurde, kann nur als ein Zeichen dafür aufgefaßt werden, wie erfolgreich er in seinem Wirken war. In der Deputiertenkammer und später im Parlament trat d'Estournelles mit großen Reden für die internationale Verständigung und für die internationale Beschränkung der Rüstungen auf.

Neben d'Estournelles ist auch Sir Thomas Barclay zu nennen, der obwohl ein Engländer, in Frankreich wohnend, viel für die Verständigung der beiden Nationen beigetragen hat und auch jetzt zwischen Deutschland und England eine ähnliche Tätigkeit entwickelt. Barclay sucht sich zu seinen den Frieden fördernden Arbeiten die großen Handelskreise und ihre Organisationen aus. Er veranstaltet ebenfalls internationale Massenbesuche zwischen Angehörigen der verschiedensten Berufssphären, die er durch seine eine halbe Million Mitglieder zählende Gesellschaft „Fraternitas inter gentes" organisiert.

Neben diesen Männern seien noch Emile Arnaud, der Deputierte Beauquier, Ferd. Buisson, Jacques Dumas, Jean Finot, Anatole France, Hubbard, Jean-Bernard, Lucien le Foyer, die Brüder Margueritte, Octave Mirbeau, Gaston Moch, Prudhommeaux, Emile Spalikowsky, Jaurès, Bourgeois, die Séverine erwähnt, die neben vielen anderen, oben zum Teil bereits genannten, fast ausschließlich für die Friedensidee wirken.

Für die deutsch-französische Annäherung sind die französischen Pazifisten stets mit großem Nachdruck eingetreten. Sie haben den unseligen Gedanken eines Revanchekrieges mit Erfolg bekämpft. Auf ihrem Kongreß zu Nîmes (1904) haben sie eine Deklaration angenommen, worin sie endgültig zu der sogenannten zwischen Deutschland und Frankreich schwebenden Frage Stellung nahmen und der Revanche-Idee eine eklatante Absage mit der Begründung erteilten, daß ein bewaffneter Eingriff keine Lösung, sondern nur eine Verschlimmerung, im günstigsten Fall nur eine Verschiebung der gegenwärtigen Verhältnisse bedeuten würde und daß es eine „pazifistische Pflicht" wäre, die Gerechtigkeit nicht auf Grund von Gewaltakten zu erstreben. Schon im Jahre 1902 hatte Jaurès in der französischen Deputiertenkammer unter dem Beifallsjubel der Mehrheit das erlösende Wort gesprochen, daß es Zeit sei, den Revanchegedanken zu vergessen, und in der Sitzung der Kammer vom 10. November 1904 verlangte er offen ein Bündnis Frankreichs mit Deutschland.

Das Wirken der französischen Friedensfreunde fand in den diplomatischen Veröffentlichungen, die über die Verhandlungen wegen des anglo-französischen Schiedsvertrages Auskunft geben, eine offizielle Anerkennung, als darin betont wird, daß die

6*

Kampagne, die auf beiden Seiten zugunsten dieses Vertrages geführt wurde, den Anlaß zum Abschluß jenes Vertrages gegeben hat. In neuerer Zeit agitieren die französischen Pazifisten für eine Entwaffnung der franko=italienischen Alpengrenze, die ihrer Ansicht nach im Hinblick auf die zwischen den beiden Ländern geschlossenen Friedensverträge überflüssig wäre. Einen lebhaften Kampf führen sie zurzeit gegen jene unter ihren Landsleuten, die den Pazifismus mit dem in Frankreich stark das Haupt erhebenden Antimilitarismus und Antipatriotismus glauben verwechseln zu müssen.

Auch England besitzt mehrere Friedensgesellschaften, darunter die älteste europäische Gesellschaft, die im Jahre 1816 begründete „Peace Society“, deren Präsident Dr. Spence Watson ist. Die Gesellschaft beruht auf religiöser Grundlage und hat daher auch in den kirchlichen Kreisen der vereinigten Königreiche ihren größten Anhang. Sie verfügt über 32 Sektionen in verschiedenen Städten. Neben ihr besteht seit 1880 die von Hodgson Pratt begründete „International Arbitration and Peace Association“, deren Präsidenten Pratt und der Maler Felix Moscheles sind. Besonders zu erwähnen ist noch die „International Arbitration League“, die 1868 von Randal W. Cremer begründet wurde und noch heute von diesem geleitet wird. Dieser Gesellschaft oblag es hauptsächlich, die Arbeiterkreise für die Friedensidee zu interessieren. Daneben besteht noch ungefähr ein Dutzend kleinerer Friedensgesellschaften. Die drei größeren Gesellschaften sind alle gut fundiert, sie haben ein ansehnliches Budget, besitzen große Bureauräume und ständig angestellte Sekretäre, die wie Dr. Darby bei der Peace Society und Green bei der Int. Arbitration and Peace Association hervorragende Arbeit leisten. Beide Gesellschaften geben Monatsjournale heraus. England hatte in Europa zuerst eine Friedensagitation aufzuweisen. Von hier aus wurde der ganze Kontinent befruchtet, den Emissäre der englischen Gesellschaften, die Friedensidee ausstreuend, zu wiederholten Malen bereisten. Hier hat sich auch das politische Leben am frühesten der Idee angenommen und hier fanden jene großen Parlamentsdebatten statt, die ihr Echo in ganz Europa und Amerika fanden. Von England aus entfalteten früher Cobden, dann Henry Richard und jetzt Randal W. Cremer und viele andere jene energische Tätigkeit zur Herbeiführung eines anglo=amerikanischen Schiedsvertrages, die in der ganzen Welt das Augenmerk auf die Schiedsgerichtsbarkeit lenkte. Von dieser Tätigkeit wird weiter unten noch gesprochen. Die eng= lischen Gesellschaften hatten in den letzten Jahren einen ener= gischen Kampf zur Verhinderung des Transvaalkrieges geführt. Bei der großen Versammlung am Trafalgarsquare am 23. Sep= tember 1899 kamen einige führende Pazifisten sogar in Gefahr, von dem wütenden, kriegsbegeisterten Pöbel gelyncht zu werden. Auch während des Krieges unterließen es die englischen Pazi= fisten nicht, eine energische Kampagne gegen Chamberlain zu führen, wobei sich besonders William T. Stead auszeichnete. Die englischen Friedensgesellschaften entwickelten nachher eine rührige Tätigkeit für die Propagierung der Haager Konventionen, gegen die Einführung der allgemeinen Dienstpflicht und für die franko=englische und anglo=deutsche Annäherung. Die große Erbitterung über den Transvaalkrieg und dessen stark fühlbare Folgen für die Sieger brachten Ende 1904 die Liberalen zur Regierung und damit, wie in Frankreich, eine pazifistische Mehrheit in das Parlament und auf die Ministerbank. Die Regierung sprach sich wiederholt für eine Festigung jener friedensrechtlichen Einrichtungen aus, die die erste Haager Kon= ferenz eingeführt hatte, und sie lancierte die Anregung, auf der nächsten Haager Konferenz das Rüstungsproblem zu erörtern. Die XIV. interparlamentarische Konferenz zu London fand im Sommer 1906 auf ausdrücklichen Wunsch der englischen Re= gierung statt und wurde von ihr wie vom König mit hohen Ehren empfangen.

Die englischen Friedensgesellschaften halten seit 1904 regel= mäßige nationale Kongresse ab. Zu den hervorragendsten Ver= tretern gehören außer den bereits Genannten noch G. Perris, Dr. Clark, Miß Robinson und Miß Peckover.

Von den zahlreichen Friedensgesellschaften Italiens ist die im Jahre 1883 begründete „Unione Lombarda" zu Mailand die bedeutendste. An ihrer Spitze steht der alte E. T. Moneta, ehemaliger Garibaldianer und nachmaliger Direktor des „Secolo". Der Einwirkung dieser Gesellschaft und ihres Führers gelang es, nach der Niederlage von Adua die Einstellung des Krieges mit Abessinien herbeizuführen. Seit 1906 wird auf ihre Veranlassung in den italienischen Schulen der 22. Februar als Friedensgedenktag gefeiert. Ein reiches

pazifistisches Leben entwickelt sich in den skandinavischen
Staaten. In Dänemark wirken Fréd. Bajer, ein ehe=
maliger Kavallerieleutnant und langjähriger Deputierter, und
Peter Rasmus Rasmussen, in Norwegen namentlich der
Dichter Björnson, die Storthingsmitglieder John Lund,
Horst, Ullmann; in Schweden der Deputierte Wawrinsky
(auch ein ehemaliger Offizier), ferner die DDr. Nilsson und
Davidson und Frau Käthe Bromée. Die dänische Friedens=
gesellschaft ist 1882, die schwedische 1883, die norwegische 1895
begründet worden. Zur Zeit des norwegisch=schwedischen Unions=
streites hat die schwedische Friedensgesellschaft viel zur friedlichen
Beilegung dieses Streites, der einen sehr gefährlichen Umfang
annahm, beigetragen. Die skandinavischen Friedensgesellschaften
halten in gemessenen Zeitabständen gemeinsame „nordische
Friedenskongresse“ ab. In Belgien wirken die Senatoren
Houzeau de Lehaie und Henri Lafontaine, letzterer als
Generalsekretär der 1889 begründeten „Société de l'Arbitrage
internationale“; in Holland die Herren Dr. Baart und
Borgesius, die Damen Bacher und v. Delden. In diesen beiden
Ländern haben die Friedensgesellschaften keinen großen Wirkungs=
kreis. Um so größeren Einfluß üben die parlamentarischen
und wissenschaftlichen Kreise dieser Länder auf den Ausbau der
Friedenspolitik und des Friedensrechtes. Sind sie doch die
Wiege der fortgeschrittenen Völkerrechtswissenschaft; Belgien die
Wiege des „Institut du droit international“, Holland der Sitz
des Haager Schiedsgerichtes. In Ungarn wurde im Jahre
1896 eine Friedensgesellschaft begründet, die eine lebhafte
Tätigkeit entwickelt und in ihrem Gründungsjahr einen der
gelungensten Friedenskongresse zu sich zu Gast lud. In der
Schweiz besteht seit 1889 eine Friedensgesellschaft, die über
18 Gruppen zählt und eine rege Propaganda entfaltet. An
der Spitze dieser Gesellschaft steht zurzeit Dr. Hertz in Herisau.
Als hervorragende Schweizer Vertreter des Pazifismus sind
noch zu nennen: Dr. Bucher und Dr. Zimmerli in Luzern,
letzterer der Kurator des Blochmuseums, Geering=Christ in
Basel und viele andere. In der politischen und völkerrecht=
lichen Bewegung zugunsten des Friedensgedankens fiel der Schweiz
eine große Rolle zu, wovon weiter unten gesprochen werden soll.
In Portugal bestehen zwei Friedensgesellschaften. Der be=
kannteste Agitator ist der Journalist Magelhãés Lima. In

den anderen Ländern Europas ist es zu einer umfangreicheren
Entfaltung organisierter pazifistischer Tätigkeit bis jetzt nicht
gekommen.

Eine besondere Rolle nimmt jedoch Rußland ein, wo
es infolge der politischen Verhältnisse zu einer Organisation
der Bewegung wohl nicht kam, von wo aus aber bereits
äußerst befruchtende Anregungen ausgegangen sind. Ganz abgesehen von dem Manifest des Zaren und der seitens der russischen Regierung ergriffenen Initiative für die erste Haager
Konferenz, sei hier eines Mannes gedacht, dessen Einfluß auf
die Friedensbewegung aller Länder von größter Bedeutung war.
Es war um das Jahr 1898, als der russische Staatsrat
Johann von Bloch, seines Zeichens Bankier, aber nebenbei ein
gewiegter Nationalökonom und sozusagen ein Zivilstratege, mit
einem großen sechsbändigen Werk über den „Krieg" an die
Öffentlichkeit trat. In diesem Werke untersuchte Bloch die Bedeutung und den Umfang eines mit modernen Mitteln zwischen
großen Staaten geführten Krieges, an der Hand der technischen
und wirtschaftlichen Tatsachen. Er war der erste, der nachwies,
daß der Krieg nicht eine rein militärtechnische Angelegenheit sei,
sondern daß dabei in erster Linie wirtschaftliche, soziale und
völkerpsychologische Erscheinungen mitsprechen. Indem er nun
all diese Erscheinungen klarlegte, kam er zu dem Schlusse, daß
ein Krieg zwischen den gleichgerüsteten modernen Großstaaten
vom Standpunkte der Vernunft aus betrachtet ein Unding wäre,
ja, daß er technisch unmöglich sei und daß er, wenn er doch,
aller Vernunft entgegen, geführt werden würde, den unweiger-
lichen Ruin der dabei engagierten Parteien mit sich bringen
müsse, so daß es keinen Sieger mehr, sondern nur Besiegte geben
könne. Bloch betrieb eine große Propaganda für seine Lehren.
Er ließ sein riesiges Werk in mehreren europäischen Sprachen
erscheinen, bereiste alle Hauptstädte und hielt in den erwähltesten
Kreisen Vorträge, unter anderen auch vor den im Haag zur
Konferenz vereinigten Delegierten. Er verstand es, die Presse
für seine Ideen zu interessieren und brachte es bald dahin, daß
er ein in ganz Europa gekannter und anerkannter Mann wurde.
Auf der letzten Pariser Ausstellung suchte er seine Lehren in
einer besonderen Abteilung durch Tafeln und sonstige Dar-
stellungen zu erläutern. Später gründete er in Luzern ein
großes Kriegs= und Friedensmuseum, das seine Lehren an-

schaulich zur Darstellung bringt. Leider sollte er die Fertigstellung des Museums nicht mehr erleben. Am 6. Januar 1902 starb er.

Ein anderer Russe, dessen Einfluß auf die Friedens= bewegung aller Länder von größter Bedeutung war, ist der in Odessa lebende Soziologe J. Novicow, dessen in französischer Sprache geschriebene, in verschiedene europäische Sprachen über= setzte Schriften die Friedensidee als Teil der soziologischen Wissenschaft entwickelten. Ihm ist es in erster Linie zu danken, daß diese zuerst nur ethische Idee eine wissenschaftliche Be= gründung erhielt, und daß die mannigfachen sozialen Irrlehren, die den Krieg als eine natürliche Bedingung der Menschheit hinstellten, in ihren Grundfesten erschüttert wurden. Seine „Angebliche Wohltaten des Krieges", seine „Föderation Europas", seine „Gerechtigkeit und Lebensexpansion" sind Schriften von höchster wissenschaftlicher Bedeutung, deren all= gemeine Anerkennung einer nicht mehr fernen Zukunft vor= behalten ist.

Außer diesen beiden Männern fand in Rußland die Völker= rechtswissenschaft und damit auch deren friedensrechtliche Seite eine frühzeitige und energische Förderung durch die Tätigkeit der beiden berühmten Gelehrten Prof. von Martens in Peters= burg und Prof. Graf Kamerowsky in Moskau. Wenn an dieser Stelle auch das Wirken von Leo Tolstoi erwähnt wird, so geschieht dies mehr wegen der entschieden antikriegerischen Tendenzen dieses großen Mannes, als wegen der von ihm zur Bekämpfung des Krieges empfohlenen Methoden, die der moderne Pazifismus entschieden ablehnt.

Von den außereuropäischen Ländern kommen in bezug auf organisierte Friedenspropaganda nur die Vereinigten Staaten von Amerika in Betracht. Es gibt in diesem Reich, das ja das Mutterland der Friedensbewegung ist, einige zwanzig Friedensgesellschaften. deren hervorragendste noch immer jene erste Friedensgründung, die im Jahre 1810 er= standene „American Peace-Society" ist, die ihren Sitz in Boston hat und deren Mittelpunkt ihr Sekretär Dr. Benjamin Trueblood bildet. Diese Friedensgesellschaft ist die reichste von allen bestehenden; sie verfügt über ein hohes Jahresbudget und über ein beträchtliches Vermögen. Beachtenswert ist außer= dem die im Jahre 1866 in Philadelphia begründete „Universal-Peace-Union", deren Präsident Alfred H. Love ist.

In den Vereinigten Staaten ist der Friedensgedanke längst aus dem Rahmen der Friedensgesellschaften herausgetreten und Bestandteil der Politik geworden. Von den wiederholten Anregungen im Senat der Vereinigten Staaten und in den gesetzgebenden Körperschaften der Einzelstaaten wird daher weiter unten gesprochen werden. In Amerika ist der erste Schiedsvertrag abgeschlossen worden, und zwischen den Vereinigten Staaten und England ist die erste schiedsgerichtliche Entscheidung gefallen. Elihu Burrit ist von dort nach Europa gezogen und hat hier das Evangelium des Friedens verkündet. Im Jahre 1893 und 1904 haben die internationalen Friedenskongresse auf dem Boden der Vereinigten Staaten stattgefunden und im letztgenannten Jahre hielt auch die interparlamentarische Konferenz ihre oben erwähnte denkwürdige Konferenz ab. Damals gründete der Deutsch-Amerikaner Richard Barthold, Mitglied des Repräsentantenhauses für St. Louis, die amerikanische Gruppe der interparlamentarischen Union, die dank der Rührigkeit ihres Gründers bereits einen entscheidenden Einfluß auf die Beratungen und Beschlüsse dieser Körperschaft genommen hat, der der Zufluß amerikanischer Energie und Initiative von höchstem Nutzen war. Zu den Friedenskongressen und interparlamentarischen Konferenzen kommen die Amerikaner stets in großer Anzahl nach Europa und beleben aus den erwähnten Ursachen mit großem Erfolge die Beratungen dieser Zusammenkünfte. In Washington befindet sich eine Sukkursale des Berner Bureaus, die unter der Leitung der Advokatin Velva Lockwood steht.

Seit dem spanisch-amerikanischen Krieg haben die amerikanischen Friedensgesellschaften einen lebhaften und erfolgreichen Kampf gegen den auftauchenden Imperialismus durchzufechten. In neuerer Zeit hat sich auf Anregung und unter dem Vorsitz des Dr. Richards, eines Deutsch-Amerikaners, Professors an der Columbia-Universität, in Newyork eine deutsch-amerikanische Friedensgesellschaft gegründet, die eine lebhafte Agitation zugunsten eines deutsch-amerikanischen Schiedsvertrages entwickelt, der obwohl schon im Jahre 1904 abgeschlossen, an Schwierigkeiten scheiterte, die der amerikanische Senat der Ratifizierung entgegenstellte. Mit Erfolg traten die amerikanischen Friedensgesellschaften für die friedliche Beilegung der zwischen den Vereinigten Staaten und England im Jahre 1895 wegen Venezuela entstandenen Schwierigkeiten ein. Ihr Verdienst für die

Propaganda des Haager Werkes und dessen Ausbau ist ein großes. In neuerer Zeit gelang es ihnen, die Idee eines ständigen, in regelmäßigen Perioden abzuhaltenden internationalen Regierungskongresses zu propagieren und diese Anregung in der gesetzgebenden Körperschaft von Massachusetts zur Billigung zu bringen. Ebenso verwirklichten sie zahlreiche pazifistische Reformen im Geschichtsunterricht der Schulen und setzten sie es in einigen Staaten durch, daß der 18. Mai als Schulfeiertag der Würdigung der Friedensidee gewidmet werde.

Seit einigen Jahren vertritt die alljährlich wiederkehrende „Mohonk-Lake Conference on international Arbitration", die der Quäker Albert K. Smiley nach seinem Besitz am Mohonk Lake einlädt, die Stelle eines nationalen Friedenskongresses. Seitdem Roosevelt die Präsidentschaft übernommen hat, findet die Friedensbewegung von seiten der Regierung, der höchsten Richter, der Geistlichkeit und von zahlreichen wissenschaftlichen Kapazitäten eine erhebliche Förderung. Unter den Männern und Frauen, die in den Vereinigten Staaten in hervorragendster Weise für die Bewegung tätig sind, seien außer den genannten noch das Ehepaar Mead, Hanna H. Bailay und Mary Wright Sewall genannt.

In Südamerika ist die Friedenspolitik, wie in früheren Kapiteln ausführlich dargetan, zu hoher Blüte gelangt. Nennenswerte pazifistische Organisationen scheint es jedoch dort nicht zu geben; wenn es der Fall sein sollte, so ist in Europa nichts darüber bekannt.

* * *

Seit dem Jahre 1896 haben die Friedensgesellschaften aller Länder auf Anregung von Felix Moscheles die Feier eines gemeinsamen Friedenstages beschlossen. Die Wahl fiel auf den 22. Februar, den Geburtstag Washingtons. An diesem Tage finden in allen Ländern pazifistische Versammlungen statt, wobei eine gleichlautende, vom Berner Bureau vorher festgestellte Resolution zur Annahme gelangt. In letzter Zeit hat sich insofern ein Zwiespalt geltend gemacht, als viele Gesellschaften es vorziehen, den 18. Mai, den Tag der Eröffnung der ersten Haager Konferenz, als Friedensfesttag zu begehen.

Im Jahre 1899 war zur Zeit der Haager Konferenz eine große Anzahl bekannter Friedensvorkämpfer in der holländischen

Residenz anwesend. Es entwickelte sich eine Art von Neben=
kongreß im Haag, der auf die Beratungen im „Haus im
Busch" nicht ohne Einfluß war. Baronin Suttner, Wil=
liam T. Stead, Johann von Bloch, Charles Richet und
andere leisteten damals Hervorragendes für die Friedenssache.

Der im Jahre 1896 verstorbene schwedische Millionär
Alfred Nobel vermachte den fünften Teil seines 35 Mil=
lionen Mark betragenden Vermögens der Friedenspropaganda.
Nach seinen Bestimmungen und den nachträglich mit den Erben
getroffenen endgültigen Abmachungen werden die Zinsen des
Kapitals alljährlich am 10. Dezember, dem Todestag Nobels,
für hervorragende Leistungen auf dem Gebiete der Friedens=
propaganda verliehen. Ein vom norwegischen Storthing er=
wähltes Komitee trifft die Verfügungen.

Aus dem Nobelvermögen wurde auch in Christiania ein
Nobelinstitut begründet, das der wissenschaftlichen Vertiefung
des Völkerrechtes und der Friedensidee dienen soll. Ein ähn=
liches Institut wurde im Jahre 1903 in Monaco unter dem
Protektorate des Fürsten Albert von Monaco errichtet. Es ist
das „Internationale Friedensinstitut". Dieses Institut,
dessen Gründer Gaston Moch ist, der jetzt als Ehrenpräsident
fungiert, während der Abbé Pichot in Monaco Präsident ist,
umfaßt als Höchstzahl 60 Mitglieder. Aufgabe des Institutes
ist die Förderung der wissenschaftlichen Entwickelung des Pazi=
fismus. Das Institut gibt verschiedene Publikationen heraus,
die diesem Zwecke dienen, so eine Bibliographie des Friedens
und ein Jahrbuch des internationalen Lebens.

Die Friedensidee in den Parlamenten.

Die Wirksamkeit der Friedensorganisationen blieb natürlich
nicht ohne Einfluß auf die Politik. Die Parlamente und die
Regierungen waren häufig veranlaßt, sich mit pazifistischen
Problemen zu beschäftigen. Gerade so wie schon in den Jahren
1873 und 1887, durch die Vorgänge im englischen Parlament
veranlaßt, eine Schiedsgerichtserörterung in den meisten euro=
päischen Parlamenten stattfand, breitete sich auch zu Anfang
der neunziger Jahre eine solche Bewegung aus. Diesmal kam
der Anstoß aus Amerika. Die erste panamerikanische Konferenz
(siehe oben S. 21) hatte vom Oktober 1889 bis April 1890
in Washington getagt und einen panamerikanischen Schieds=

vertrag aufgestellt, der zwar von den wenigsten Staaten rati=
fiziert wurde, aber doch von großer prinzipieller Bedeutung
war, da damit die Vertreter von einem Viertel der Bewohner
der ganzen Welt für die Schiedsgerichtsidee demonstriert hatten.
Der Artikel 19 dieses Vertrages bestimmte, daß auch die
Streitigkeiten zwischen europäischen und amerikanischen Mächten
möglichst durch Schiedsentscheidung geschlichtet werden möchten,
und stellte den europäischen Staaten den Zutritt zu jenem
Vertrage frei. Die Regierung der Vereinigten Staaten ließ
daher den Vertrag den europäischen Regierungen offiziell zur
Kenntnis bringen und ihr besonderes Augenmerk auf jenen
§ 19 lenken, der diesen den Zutritt gestattet.

Diese Bekanntgabe des Vertrages gab Veranlassung zu
mehrfachen Parlamentsinterpellationen in den verschiedenen
europäischen Parlamenten. Bereits im März 1890 hatte das
norwegische Storthing eine Adresse an den König votiert, worin
dieser ersucht wurde, Schiedsverträge mit anderen Staaten ab=
zuschließen. Im spanischen Senat stellte Don Arturo de Ma=
cuarto einen ähnlichen Antrag, den er 1893 wiederholte. Im
Juli 1890 brachte Rugghero Bonghi in der italienischen
Kammer, Fréd. Bajer 1892 einen solchen im Folkething ein.
Im Januar 1893 befaßte sich die rumänische Kammer, die
beiden Kammern der niederländischen Generalstaaten und auch
der deutsche Reichstag infolge eines Antrages Barth mit der
von Amerika gekommenen Anregung. Im englischen Unterhause
kam es am 16. Juni 1893 zu einer denkwürdigen Sitzung.
Randal W. Cremer und Sir John Lubbock (nachmals Lord
Avebury) unterbreiteten einen mit zwei Millionen Unterschriften
bedeckten Antrag, worin dem Hause vorgeschlagen wurde, die
Hoffnung zum Ausdruck zu bringen, daß die Regierung der
Anregung der Regierung der Vereinigten Staaten Folge gebe.
Diesmal lehnte die Regierung den Antrag nicht, wie es bis
dahin immer geschehen war, mit schönen Phrasen ab, Gladstone
hielt vielmehr eine denkwürdige Rede, worin er die Rüstungs=
lasten den Fluch der Zivilisation nannte und sich bereit erklärte,
den Vorschlägen der amerikanischen Regierung Folge zu leisten.
Er erklärte ferner, daß er die Gründung eines europäischen
Tribunals zur Schlichtung internationaler Streitigkeiten für
wünschenswert halte. Der Antrag Cremer=Lubbock wurde ein=
stimmig angenommen und auf diplomatischem Wege zur Kenntnis

der amerikanischen Regierung gebracht. Dieser Antrag fand im
amerikanischen Repräsentantenhause gar bald ein lebhaftes Echo.
Im Dezember 1894 schiffte sich Cremer zum zweitenmal (das
erstemal 1887; siehe oben S. 66) nach Amerika ein, um an Ort und
Stelle wegen eines anglo=amerikanischen Schiedsvertrages zu
verhandeln. Die öffentliche Meinung war nun für den Ab=
schluß von Schiedsverträgen so sehr vorbereitet, daß sich Ende
1895, als die Venezuelawirren einen englisch=amerikanischen
Krieg als möglich erscheinen ließen, ein Sturm zugunsten des
endlichen Abschlusses eines ständigen englisch=amerikanischen
Schiedsvertrages erhob.

Die hervorragendsten Engländer und Amerikaner traten
dafür ein, große Versammlungen fanden in beiden Ländern
statt und am 11. Januar 1897 wurde in Washington der
anglo=amerikanische Schiedsvertrag endlich unterzeichnet. Prä=
sident Cleveland bezeichnete diesen Vertrag in seinem Schreiben
an den Senat, als „eine neue Epoche der Kultur" eröffnend.
Dennoch stimmte der Senat dem Abkommen nicht zu. Mit
einer Mehrheit von sechs Stimmen, die zu der für derartige
Verträge notwendigen Zweidrittelmehrheit fehlten, wurde das
Abkommen im Mai 1897 abgelehnt.

Die Sitzung des englischen Unterhauses vom 16. Juni 1893
und Gladstones denkwürdige Worte verursachten abermals eine
Schiedsgerichtserörterung in den anderen Parlamenten, die vierte
in wenigen Jahrzehnten.

Im Jahre 1894 drückte die italienische Kammer auf
Antrag des Marchese Pandolfi den Gladstoneschen Erklärungen
ihren Beifall aus, im Jahre 1895 brachte der Abg. Kaftan
die Angelegenheit in den österreichischen Delegationen zur
Sprache; der Abg. Scheicher kam im österreichischen Reichsrat
darauf zurück, und im Jahre 1896 stellte der Abg. Kramarz
im Namen der österreichischen interparlamentarischen Gruppe in
den österreichischen Delegationen an den Minister die Anfrage,
wie er sich zum Abschluß obligatorischer Schiedsverträge stelle.
Im selben Jahre brachten noch die Abgg. Dr. Brzoràd und
Baron Pirquet im österreichischen Reichsrat die Schieds=
gerichtsbarkeit zur Sprache. Im Jahre 1894 brachte der
Zentrumsabgeordnete Daller in der zweiten bayrischen Kammer,
der Fürst Löwenstein in der ersten bayrischen Kammer und
1897 wiederum ein Zentrumsabgeordneter, Dr. Lerno, in

der zweiten bayrischen Kammer die Schiedsgerichtsfrage zur Debatte.

Im Juli 1895 beschäftigte sich die französische Deputierten= kammer, im März 1897 die belgische Kammer, im Juni 1897 das Storthing mit Anträgen, die den Abschluß von Schieds= verträgen verlangten.

Alle diese Anregungen arbeiteten der Haager Konferenz vor, die (siehe oben Kap. 3) im Mai 1899 zusammentrat und mit einer allgemeinen Empfehlung der Schiedsgerichtsbarkeit, mit der Errichtung eines ständigen Schiedshofes und der Auf= stellung einer Prozeßordnung für internationale Streitigkeiten all diese jahrzehntelangen Anregungen und Arbeiten krönte.

Nach der Haager Konferenz wandte sich die politische Aktion in der Hauptsache der oben S. 23 geschilderten Be= wegung zum Abschluß ständiger Schiedsverträge, der Einberufung einer zweiten Haager Konferenz und einer Beschränkung der Rüstungen zu. In den österreichischen Delegationen des Jahres 1904 wies Graf Schönborn auf die Praxis der Schiedsgerichts= barkeit hin, und im November desselben Jahres interpellierte Graf Apponyi im ungarischen Reichstag die Regierung zu ihrer Haltung gegenüber der Anregung des Präsidenten Roosevelt. Im Dezember 1904 fand im deutschen Reichstag eine Debatte über die Schiedsgerichtsbarkeit statt.

Das Rüstungsproblem wurde im französischen Parlament durch einen Antrag Hubbards 1903 zur Sprache gebracht. Im April 1905 und im April 1906 hielt d'Estournelles im fran= zösischen Senat seine bedeutenden Reden über den Übelstand des Wettrüstens. Am 9. und 25. Mai 1906 fanden die oben= erwähnten denkwürdigen Erklärungen im englischen Parlament über die Notwendigkeit einer Rüstungsverminderung statt.

Als eine bedeutende Kundgebung sei hier die Botschaft des Schweizer Bundesrates an die Bundesversammlung vom 19. Dezember 1904 betreffend die Schiedsgerichtsbarkeit bezeichnet, worin unumwunden der Anschauung Ausdruck gegeben wurde, „daß die Gewalt die internationalen Probleme nicht löst, sondern nur schwieriger gestaltet, indem sie die Ursache neuer Gefahren und Streitigkeiten wird", und worin der Hoffnung Ausdruck gegeben wurde, daß sich „die Schiedsverträge mit der Zeit zu einem mächtigen Schutzmittel für Erhaltung des Friedens gestalten".

VI.

Chronik der Friedensbewegung.

„Jedem objektiven Beobachter der Vorgänge auf unserem
Erdenkreise muß sich die eine Beobachtung aufdrängen, daß
allmählich die Solidarität unter den Völkern der Kulturländer
unstreitig Fortschritte macht auf verschiedenen Gebieten. Und
diese Gebiete erweitern sich. Diese Solidarität geht unmerklich,
aber unwiderstehlich in das Programm der Staatslenker über,
wie in die Gedanken der sich selbst regierenden freien Bürger.
Diese Solidarität wird genährt in verschiedener Weise, sei es
in ernster politischer Beratung, sei es auf Kongressen, sei es
in Wettkampf und Spiel. . . . . . Dieser Solidarität verdankt
es der Kaufmann, der Industrielle, der Ackerer, wenn er in
ruhiger Arbeit sich fortschreitend entwickeln kann."

Kaiser Wilhelm II.,
am 21. Juni 1904 zu Cuxhaven bei einer Ansprache
an den Hamburger Bürgermeister.

Im nachstehenden wird versucht, in chronologischer Dar=
stellung ein Bild der Entwickelung der Friedensbewegung zu
geben. Auf absolute Vollständigkeit kann die Tabelle nicht
Anspruch erheben, doch dürften die bemerkenswertesten und
bezeichnendsten Ereignisse ziemlich alle notiert sein. Die
Daten der älteren Schiedsabkommen, namentlich der zwischen
den amerikanischen Staaten, sind, um den Umfang nicht zu sehr
auszudehnen, fortgelassen worden, ebenso die Daten der nach
vielen Hunderten zählenden Schiedssprüche, mit Ausnahme der
wichtigsten aus neuerer Zeit. Einige geschichtliche Ereignisse
sind notiert worden, weil sie auf die Entwickelung der Friedens=
bewegung irgendwie Einfluß genommen haben oder um damit
die gleichzeitige friedliche Entwickelung neben gewissen kriege=
rischen Ereignissen besonders zu betonen und in das richtige
Licht zu stellen. Diese Ereignisse, wie die Friedensereignisse
offizieller Natur sind durch gotische Schrift hervorgehoben. Es
geschah dies, um die Übersicht zu erleichtern und um sofort
erkennen zu lassen, wie die Friedensbewegung im Laufe der
Zeit immer mehr in die hohe Politik eingreift.

Die Tabelle wird deutlich zeigen, wie um gewisse Friedens=
postulate ein langer Kampf geführt wurde und wie durch

mannigfache Mißerfolge die Vorkämpfer des Gedankens durch alle Niederlagen nicht erlahmten, bis sie ihre besonderen Ziele erreicht hatten oder wie sie beharrlich um gewisse Postulate noch weiter kämpfen.

Mancher, der die Friedensbewegung bislang als die ver= lorene Idee einiger weltabgewandter Schwärmer betrachtete, wird aus dieser Tabelle erst ersehen können, wie alt der Friedensgedanke bereits ist, wie sehr sich die Welt bislang seiner angenommen und welche Fortschritte er im Laufe der Zeit gemacht hat.

1095. Verkündigung der „treuga dei" (Gottesfriedens) auf der Kirchenversammlung zu Clermont.
1291. Urbund der Kantone Uri, Schwyz und Unterwalden mit ständigem Schiedsvertrag.
1462. Georg Podiebrad, König von Böhmen, faßt den Plan zur Her= stellung eines europäischen Friedensreiches.
1495. 7. Oktober. Vom Reichstag zu Worms wird der allgemeine Landfriede verkündet.
1603. Heinrich IV. von Frankreich faßt den Plan zur Herstellung einer „christlichen Republik".
1618. Beginn des Dreißigjährigen Krieges.
1623. Emmericus Cruceus' „Nouveau Cynée"; über den allgemeinen Frieden.
1624. Neumeyer zu Jena, „Von den Friedenshandlungen".
1625. Hugo Grotius veröffentlicht sein Werk „De jure belli ac pacis". Begründung der Völkerrechtswissenschaft.
1648. Westfälischer Friede.
1666. Schiedsgerichtsprojekt des Grafen von Hessen=Rheinfels.
1688. Schiedsgerichtsprojekt des Herzogs Karl von Lothringen.
1693. Der Quäker William Penn veröffentlicht sein „Essay on the present and future peace of Europe".
1710. John Bellers Vorschlag eines europäischen Staates.
1713. Charles Irené Castel de St. Pierre, „Projèt pour perpetuer la Paix".
1786—1789. Jeremy Benthams „Fragments of an Essay on Inter= national Law".
1794. 19. November. Jay=Vertrag zwischen den Vereinigten Staaten und England, womit eine Reihe Streitfälle der schiedsgericht= lichen Erledigung unterworfen wurde.
1795. Immanuel Kant veröffentlicht seine Schrift „Vom ewigen Frieden".
1798. 27. Oktober. Erster Schiedsspruch in neuerer Zeit, gefällt zwischen Vereinigten Staaten und England zu Providence.
1802. F. A. Chateaubriand über ein europäisches Tribunal in „Genie des und Christentum".
1810. Beginn der Quäkeragitation für den Frieden in Amerika.
1815. August. David L. Dodge gründet zu Newyork die erste Friedens= gesellschaft.

1815. Wiener Kongreß.

1815. Napoleon äußert sich auf St. Helena, daß es seine Absicht war, ein Weltfriedensreich zu begründen.

1816. Die Quäker Wm. Allen und J. T. Price gründen die Londoner „Peace Society", die erste europäische Friedensgesellschaft.

1825. John Stuart Mill in der „Encyclopädia Britannica" über ein internationales Tribunal.

1828. 8. Mai. Wm. Ladd vereinigt alle amerikanischen Friedens= gesellschaften zur „American Peace Society".

1830. Graf v. Sellon gründet eine Friedensgesellschaft zu Genf; die erste auf dem Kontinent.

1832. Im Senat von Massachusetts wird ein Antrag angenommen, der die Lösung internationaler Streitigkeiten auf friedlichem Wege verlangt.

1834. Austrägal-(Schiedsgerichts)Vertrag des Deutschen Bundes.

1837. Ladds und Thomsons Antrag auf Einführung internat. Schieds= gerichte in den gesetzgebenden Körperschaften von Massachusetts.

1839. Ladds Schiedsgerichtsantrag vor dem Kongreß der Vereinigten Staaten.

1840. Die „American Peace Society" veröffentlicht einen Entwurf über einen Nationenkongreß und Schiedshof.

1841. Robert Peel im englischen Unterhause für allgemeine Beschränkung der Rüstungen.

1842. William Jay schlägt einen ständigen Schiedsvertrag zwischen den Vereinigten Staaten und England vor.

1843. I. Friedenskongreß englischer Friedensfreunde zu London.

1847. Elihu Burrit kommt nach Europa.

1848. 20.—22. September. I. int. Friedenskongreß zu Brüssel.

1849. 12. Juni. Rich. Cobden fordert im englischen Unterhause Ab= schließung von Schiedsverträgen mit den fremden Mächten.

1849. 22.—24. August. II. int. Friedenskongreß zu Paris.

1850. 20.—24. August. III. int. Friedenskongreß zu Frankfurt a. M. (erster auf deutschem Boden).

1850. 18. September. Gründung der I. deutschen Friedensgesellschaft durch Dr. Motherby in Königsberg.

1851. Februar. Der Ausschuß für int. Angelegenheiten im ameri= kanischen Kongreß faßt eine Resolution zugunsten der Schieds= gerichtsbarkeit.

1851. IV. int. Friedenskongreß zu London.

1853. Der amerikanische Senat unterbreitet dem Präsidenten eine Resolution, worin die Anwendung von Schiedsgerichten ein= stimmig gefordert wird.

1853. V. int. Friedenskongreß zu Edinburg.

1854. Ausbruch des Krimkrieges.

1856. Pariser Konferenz. Einführung der Mediation und der guten Dienste. Seerechtsdeklaration. (Abschaffung der Kaperei.)

1857. Ed. Potonnié gründet in Paris die „Ligue du bien publ. et de la Paix".

1861. Rich. Cobden überreicht der englischen Regierung ein Memo= randum für Beschränkung der Rüstungsausgaben.

98   VI. Chronik der Friedensbewegung.

1861—1865. Amerikanischer Bürgerkrieg.

1863. 5. November. Napoleon III. äußert den Plan, einen allgemeinen Friedenskongreß für Abrüstung einzuberufen.

1864. Sir H. Drummond Wolffs Entwurf über einen ständigen Staatenkongreß.

1864. 8.—22. August. Konferenz in Genf. Genfer Konvention.

1865. Richard Cobben †.

1866. Alfred H. Love in Philadelphia gründet die „Universal-Peace-Union".

1867. Der Luxemburger Handel. Kriegsgefahr zwischen Preußen und Frankreich.

1867. Gründung der „Ligue de la Paix" in Paris durch Fréd. Passy.

1867. Charles Lemmonnier gründet die „Ligue de la Paix et de la Liberté" in Paris.

1867. 29. Juni. Garnières Pagès erklärt sich in der französischen Deputiertenkammer für Abrüstung.

1867. 9.—12. September. I. Friedens- und Freiheitskongreß zu Genf.

1867. Karl Bluntschlis Entwurf über schiedsgerichtliches Verfahren und die Organisation eines europäischen Staatenvereins.

1867. De la Cobres Entwurf eines Schiedstribunals.

1868. William Jay †.

1868. Bayrischer Ministerpräsident Fürst Hohenlohe gegen die Vermehrung der Rüstungen.

1868. 16. September. Philosophenkongreß zu Prag gegen den Krieg.

1868. 22.—26. September. II. Friedens- und Freiheitskongreß zu Bern.

1868. 11. Dezember. Petersburger Konvention für die Anwendung humaner Geschosse.

1869. 14. Januar. 1. Vertrag zwischen den Vereinigten Staaten und England zwecks schiedsgerichtlicher Beilegung des Alabamakonfliktes. •

1869. 14.—18. September. III. Friedens- und Freiheitskongreß zu Lausanne.

1869. 21. Oktober. Antrag Virchow im preußischen Abgeordnetenhause, die Regierung möge zum Zweck einer allgemeinen Abrüstung diplomatische Verhandlungen anknüpfen.

1869. Benedetta Castiglia bringt im italienischen Parlamente einen Gesetzentwurf auf Abschaffung des Krieges ein.

1870. Gründung des holländischen Friedensvereins im Haag durch van Eck.

1870. 15. Juli. Ausbruch des Deutsch-Französischen Krieges.

1870. 24. Juli. IV. Friedens- und Freiheitskongreß zu Basel.

1870. 25. Juli. Gründung des Friedensvereins der englischen Arbeiter (jetzigen „Intern. Arbitration League") zu London durch Randal W. Cremer.

1870. 26. September. Antrag van Eck in der II. Kammer der niederländischen Generalstaaten, der König möge ersucht werden, Schritte für eine internationale Verständigung zwecks Beseitigung des Krieges zu unternehmen.

1871. Gründung des belgischen „Vereins der Friedensfreunde".

1871. 8. Mai.   2. Vertrag zwischen den Vereinigten Staaten und England über die schiedsgerichtliche Erledigung des Alabama- falles zu Washington.

1871. 18. Mai. Beendigung des Deutsch-Französischen Krieges. Friede zu Frankfurt.

1871. 15. September. Zusammentritt des Alabamaschiedsgerichtes zu Genf.

1871. 25.—26. September. V. Friedens- und Freiheitskongreß zu Lausanne.

1872. David Dudley Fields Entwurf für ein Schiedstribunal.

1872. Louis Bara, „Wissenschaft des Friedens; ein Programm".

1872. 17. Februar. I. ständiger Schiedsvertrag; abgeschlossen zwischen Costa-Rica, Guatemala, Honduras und Salvador.

1872. 14. September. Alabamastreitfall durch das Genfer Schieds- gericht erledigt.

1872. 25.—27. September. VI. Friedens- und Freiheitskongreß zu Lausanne.

1873. 8. Juli. Henry Richards Antrag im englischen Unterhause auf Bildung eines Systems von Schiedsgerichten.

1873. 1. September (oder 31. Mai). Senator Sumner bringt im ameri- kanischen Senat einen Schiedsgerichtsentwurf ein.

1873. 7.—8. September. VII. Friedens- und Freiheitskongreß zu Genf.

1873. 11.—12. September. Gründung des „Institut du droit inter- national" zu Gent durch Rolin-Jacquemyns.

1873. Oktober. Gründung der „Int. Law-Association" zu Brüssel.

1873. 19. November. Interpellation van Eck und Bredius in den nieder- ländischen Generalstaaten über Schiedsgericht. Friedensdebatte.

1873. 24. November. Antrag Mancinis im italienischen Parlament, der Schiedsgerichtsbarkeit größere Ausdehnung zu geben.

1873. 27. November. Abermalige Interpellation van Ecks in den niederländischen Generalstaaten über Einführung der Schieds- gerichtsbarkeit.

1873. Dr. Goldschmidts Entwurf für ein int. Schiedstribunal.

1874. 13. Januar. Dr. Löwenthal gründet in Berlin eine Friedens- gesellschaft. (War nur von kurzer Dauer.)

1874. 21. März. Antrag Jonasson im schwedischen Parlament auf Errichtung eines ständigen Schiedstribunals.

1874. 17. Juni. Annahme des Sumnerschen Schiedsgerichtsentwurfes in beiden Kammern des amerikanischen Kongresses und Beauf- tragung des Präsidenten der Vereinigten Staaten, Schieds- gerichtsverträge abzuschließen.

1874. 27. Juli bis 17. August. Brüsseler Konferenz für Humani- sierung des Krieges.

1874. 7.—8. September. VIII. Friedens- und Freiheitskongreß zu Genf.

1874. 23. September. Schiedsspruch in einem Grenzstreit zwischen der Schweiz und Italien.

1874. 9. Oktober. Gründung der Weltpostunion zu Bern.

1875. 30. Januar. Anträge Couvreur und Thonissen in der belgischen Deputiertenkammer auf Errichtung eines ständigen Schieds- tribunals. Einstimmige Annahme.

7*

1875. 17. Februar. Annahme dieses Antrages im Senat.

1875. 18. März. Schiedsgerichtsantrag im dänischen Folkething.

1875. 6.—7. September. Arbeiterfriedenskonferenz zu Paris.

1875. 18.—25. September. IX. Friedens= und Freiheitskongreß zu Genf.

1875. Zentrumsführer Schorlemer=Alst im Deutschen Reichstag für Abrüstung.

1876. Der spanische Senator Don Marcoartu bereist Europa, um für eine int. Parlamentskonferenz Stimmung zu machen.

1876. 27. April. Schiedsgerichts= und Abrüstungskonferenz öster= reichischer Parlamentarier auf Anregung Fischhofs in Wien zu= sammengetreten.

1876. 10. September. X. Friedens= und Freiheitskongreß zu Genf.

1877. 24. April. **Ausbruch des Russisch-Türkischen Krieges.**

1877. 23. September. XI. Friedens= und Freiheitskongreß zu Genf.

1877. 24. November. Auf Antrag Mancinis einstimmiger Beschluß der italienischen Kammer auf Einsetzung eines int. und ständigen Schiedsgerichtes.

1878. Anträge der Abgg. Duncker und Zimmermann im Deutschen Reichstag zugunsten der Schiedsgerichtsbarkeit.

1878. E. Th. Moneta gründet zu Mailand die „int. Friedens= und Brüderschaftsliga".

1878. Prinz Peter von Oldenburg läßt in hohen Kreisen eine Denk= schrift gegen den Krieg zirkulieren.

1878. 3. April. Beschluß des italienischen Parlamentes, in allen Handelsverträgen die Schiedsgerichtsklausel einzufügen.

1878. 13. Juli. **Berliner Vertrag.**

1878. 26. September. Internationaler Friedenskongreß zu Paris.

1878. 5. Dezember. Neuerliche Interpellation van Ecks in der Kammer der niederländischen Generalstaaten. Einstimmige Annahme.

1878. XII. Friedens= und Freiheitskongreß zu Genf.

1879. 12. März. v. Bühlers Abrüstungsantrag im Deutschen Reichstag.

1879. 22. September. XIII. Friedens= und Freiheitskongreß zu Genf.

1879. 29. Oktober. Internationaler Friedenskongreß zu Neapel.

1879. Elihu Burrit †.

1880. Hodgson Pratt gründet zu London die „Intern. Arbitration and Peace Society".

1880. Juni. Antrag H. Richards im englischen Unterhause, die englische Regierung möge Schritte zugunsten einer gleichzeitigen Entwaffnung unternehmen.

1880. Senat und Repräsentantenhaus der Vereinigten Staaten er= mächtigen den Präsidenten, zwecks Herstellung eines internatio= nalen Schiedsgerichtssystems bei den zivilisierten Mächten Schritte zu unternehmen.

1881. Kongreß der „Int. Law-Association" zu Cöln tritt für inter= nationale Schiedsgerichte ein.

1882. 17.—20. Oktober. Kongreß der „Int. Law-Association" zu Brüssel tritt für Schiedsgerichte und Abrüstung ein.

1882. 11 Dezember. **Erklärung des Präsidenten Garfield der Ver= einigten Staaten, an jeder Maßregel teilnehmen zu wollen, die imstande sei, den internationalen Frieden zu sichern.**

1882. Gründung einer Friedensgesellschaft in Dänemark.
1883. 2. Dezember. Hodgson Pratt gründet einen schwedischen Friedens=
verein.
1883. Hodgson Pratt gründet Friedensgesellschaften zu Rom und die
„Unione Lombarda" zu Mailand.
1883. 24. Juli. Schweizer Bundesrat nimmt einen ständigen Schieds=
vertrag mit Amerika an und überreicht ihn der Regierung
der Vereinigten Staaten. (Nicht in Kraft getreten.)
1883. Das Prinzip der Schiedsgerichtsbarkeit wird in die Ver=
fassung von Ecuador aufgenommen.
1885. I. nordischer Friedenskongreß zu Gothenburg.
1885. 26. Februar. Schlußakte der Berliner Kongokonferenz.
Schiedsklausel.
1885. 22. Oktober. Schiedsspruch des Papstes in der Karolinen=
angelegenheit zwischen Deutschland und Spanien.
1886. Hodgson Pratt gründet eine Friedensgesellschaft zu Frankfurt a. M.
1887. Gründung der Société „La Paix par le Droit" zu Paris.
1887. Leone Levi (London) veröffentlicht einen Entwurf eines int.
Schiedshofes.
1887. 28. Februar. Fréd. Passys Antrag für Schiedsgerichte in der
französischen Deputiertenkammer abgelehnt.
1887. 25. Juli. Antrag des Marquis v. Bristol im englischen Ober=
hause auf Einführung eines int. Tribunals.
1887. Randal W. Cremer sammelt 232 Unterschriften des englischen
Unterhauses und 36 des Oberhauses zugunsten eines amerikanisch=
englischen Schiedsvertrages und schifft sich mit 12 Delegierten
nach Washington ein, um dort die Unterhandlungen zu führen.
1888. 11. März. Fréd. Bajer bringt eine 6000 Unterschriften zählende
Petition zugunsten der Schiedsgerichtsbarkeit im dänischen Folke=
thing zur Annahme.
1888. 21. April. Erneuter Antrag Fréd. Passys auf Einführung fried=
licher Mittel zur Streitschlichtung wird von der Kommission
gebilligt.
1888. Mai. Senator Allison verlangt im amerikanischen Senat einen
Kredit von 80 000 Dollars, um Unterhandlungen wegen Schieds=
verträgen mit allen Staaten anzubahnen.
1888. 13. Juni. Antrag Sherman im amerikanischen Senat auf Ab=
schluß von Schiedsverträgen mit allen Staaten angenommen.
1888. 31. Oktober. Cremer und Passy gründen zu Paris die Inter=
parlamentarische Union.
1888. 11. November. In der Wohnung Charles Lemmonniers wird
beschlossen, im Jahre 1889 einen Weltfriedenskongreß zu Paris
abzuhalten.
1888. Henry Richard †.
1889. Lord Salisbury läßt die Rüstungsausgaben der europäischen
Großmächte in den Jahren 1881—1889 ermitteln. Das Resultat
erweckt bei Kaiser Wilhelm die Absicht, eine Abrüstungskonferenz
einzuberufen.
1889. John Bright †.
1889. 13. Januar. Italienischer Friedenskongreß zu Mailand.

1889. 23.—27. Juni. I. Weltfriedenskongreß zu Paris.

1889. 29.—30. Juni. I. interparlamentarische Konferenz zu Paris.

1889. 2. Oktober. **Zusammentritt des I. panamerikanischen Kongresses zu Washington.**

1890. Berta v. Suttners Roman „Die Waffen nieder!"

1890. 15. Februar. Das Repräsentantenhaus der Vereinigten Staaten beauftragt den Präsidenten auf Antrag des Deputierten Hill, mit den Mächten freundschaftliche Verhandlungen wegen Abschluß von Schiedsverträgen anzuknüpfen.

1890. 5. März. Antrag Ullmann im norwegischen Storthing auf Abschluß von Schiedsverträgen. (Abgelehnt.)

1890. 19. April. **Schluß der I. Panamerikanischen Konferenz.**

1890. 28. April. **Abschluß eines allgemeinen (panamerikanischen) Schiedsvertrages zu Washington zwischen Bolivia, Brasilien, Ecuador, Vereinigte Staaten, Guatemala, Haiti, Honduras, Salvador.** (Nicht ratifiziert.)

1890. 16. Juni. Antrag des Senators Don Marcoartu auf Abschluß von Schiedsverträgen im spanischen Senat angenommen.

1890. 2. Juli. **Brüsseler Konvention zur Bekämpfung des Sklavenhandels. Schiedsklausel.**

1890. 12. Juli. Antrag Rugghero Bonghis im italienischen Senat auf Abschluß von Schiedsverträgen.

1890. 14.—19. Juli. II. Weltfriedenskongreß zu London.

1890. 22.—23. Juli. II. interparlamentarische Konferenz zu London.

1890. 14. Oktober. **Gründung der internationalen Eisenbahnfrachten-Union zu Bern. Schiedsklausel.**

1890. 23. Oktober. **Die Regierung der Vereinigten Staaten fordert die europäischen Mächte zum Beitritt des ihnen offen gelassenen panamerikanischen Schiedsvertrages auf.**

1890. 30. Oktober. Neuer Antrag Fréd. Bajers im dänischen Folkething auf Abschluß von Schiedsverträgen.

1891. 22. Februar. **Schiedsgerichtsprinzip in die Verfassung Brasiliens aufgenommen.**

1891. 4. Juli. **Erweiterung des Weltpostvertrages. Einfügung der Schiedsgerichtsklausel.**

1891. September. Gründung der österreichischen Friedensgesellschaft durch Baronin v. Suttner.

1891. 3.—7. November. III. interparlamentarische Konferenz zu Rom.

1891. 11.—14. November. III. Weltfriedenskongreß zu Rom.

1891. 14. November. Gründung des Berner int. Friedensbureaus auf dem Friedenskongreß zu Rom.

1891. 3. Dezember. Charles Lemmonnier †.

1892. 22. Januar. Der österreichische Reichsrat nimmt eine Resolution an, betreffs Aufnahme der Schiedsgerichtsklausel in die Handelsverträge.

1892. 1. Februar. In Berlin erscheint die Revue „Die Waffen nieder!" Erste deutsche pazifistische Fachzeitschrift.

1892. 4. Juni. Gründung des Akademischen Friedensvereins in Wien.

1892. 26.—27. August. IV. Weltfriedenskongreß zu Bern.

1892. 29.—31. August. IV. interparlamentarische Konferenz zu Bern.

1892. 30. August. Gründung des Berner interparlamentarischen Amtes.
1892. 21. November. Erneuter Antrag Fréd. Bajers auf Abschluß von Schiedsverträgen wird im Folkething endlich angenommen.
1892. 21. Dezember. Gründung der Deutschen Friedensgesellschaft zu Berlin durch Fried.
1892. Eugen Schlief, „Der Friede in Europa".
1893. Rahusen stellt in der I., Mees und Tydemann stellen in der II. holländischen Kammer den Antrag auf Abschluß von Schieds=verträgen.
1893. 30. Januar. Senator Urechia interpelliert die rumänische Re=gierung über den Abschluß von Schiedsverträgen und Aufnahme der Schiedsklausel in die Handelsverträge.
1893. 28. Februar. Dr. Barth interpelliert im Deutschen Reichstag über die Stellung der Regierung zu Schiedsverträgen.
1893. Februar. Abg. Dr. Lieber verlangt im Deutschen Reichstag Her=stellung eines europäischen Rechtsbodens.
1893. 15. März. Abg. Dr. Peez interpelliert im österreichischen Reichstag den Handelsminister über das Fehlen der Schiedsklausel im Handelsvertrag mit Serbien und geht näher auf die Entwickelung der Friedens= und Schiedsidee ein.
1893. 19. Mai. March. Pandolfi interpelliert im italienischen Parlament über die Unhaltbarkeit der gegenwärtigen Rüstungspolitik, setzt die Forderungen der Friedensbewegung auseinander.
1893. 25. Mai. M. v. Egidy erläßt seinen Wahlaufruf und tritt darin für die Friedensidee ein.
1893 12. Juni. II. Antrag des Don A. de Marcoartu im spanischen Senat zugunsten der Schiedsgerichtsbarkeit.
1893. 16. Juni. Denkwürdige Sitzung im englischen Unterhaus. Cremer und John Lubbock unterbreiten eine Petition mit 2 Millionen Unterschriften, die die Unterstützung der englischen Regierung beim Ausbau des Schiedswesens fordern. Glänzende Erklärung Gladstones zugunsten der Schiedsgerichtsbarkeit und eines internationalen Tribunals.
1893. 21. Juni. Das Schiedsgerichtsprinzip wird in die Verfassung von Venezuela eingeschrieben.
1893. 10. Juli. In Zürich wird ein akademischer Friedensverein ge=gründet.
1893. 10. August. Internationaler Sozialistenkongreß zu Zürich be=schließt, alle Gesellschaften, die den internationalen Frieden an=streben, zu unterstützen.
1893. 15. August. Schiedsurteil im Behringsmeerstreit zwischen England und Vereinigte Staaten.
1893. 14.—21. August. V. Weltfriedenskongreß zu Chicago.
1893. 20. August. „Parlament der Religionen" zu Chicago für die Abschaffung der Kriege.
1893. 9. November. Jules Simon fordert im Pariser „Figaro" einen „Trêve de dieu" bis an die Jahrhundertwende.
1893. 4. Dezember. Präsident Cleveland von den Vereinigten Staaten legt dem Kongreß die am 16. Juni im englischen Unterhause gefaßte Resolution vor.

1893. **24. Dezember. Weihnachtsansprache Papst Leo XIII., worin er den Wunsch nach allgemeiner Abrüstung zum Ausdruck bringt.**

1894. Januar. Abg. Daller bringt in der II. bayrischen Kammer Interpellation über Abschluß von Schiedsverträgen ein.

1894. Februar. Reichskanzler Caprivi sagt in einer in Danzig gehaltenen Rede, daß das kommende Jahrhundert „den Zusammenschluß der europäischen Völker" fordern könnte.

1894. 11. Februar. Byles interpelliert im englischen Unterhause wegen Abrüstung.

1894. März. Sir J. Carmichale beantragt im englischen Unterhause Abrüstung und internationale Verständigung.

1894. März. General v. Goßler (nachmaliger preußischer Kriegsminister) tritt im Militärwochenblatt für eine friedliche Vereinbarung der Staaten behufs Vermeidung des Krieges ein.

1894. 8. Mai. March. Pandolfi bringt in der italienischen Kammer die Anregung Gladstones (16. Juni 1893) zur Sprache.

1894. Juni. Enzyklika des Papstes gegen den bewaffneten Frieden.

1894. 5. Juli. Vertrag zwischen Portugal und Holland mit allgemeiner, unbeschränkter Schiedsgerichtsklausel.

1894. August. Die Freisinnige Volkspartei nimmt die Unterstützung der int. Friedensbestrebungen in ihr Programm auf.

1894. 29. August bis 1. September. VI. Weltfriedenskongreß zu Antwerpen. Ausarbeitung eines int. Schiedsgerichtskodexes.

1894. 4.—6. September. V. interparlamentarische Konferenz im Haag; Einsetzung einer Kommission zur Ausarbeitung eines ständigen Schiedshofentwurfes.

1894. 18. September. Der österreichisch-ungarische Minister des Auswärtigen Graf Kalnocky beklagt sich in der in Budapest tagenden österreichischen Delegation über die Alarmierung der öffentlichen Meinung durch die Tagespresse und fordert die Friedensgesellschaften auf, ihr Augenmerk darauf zu richten.

1894. 24. September. In einer Generalversammlung der Süddeutschen Volkspartei zu Mainz wird der Vorschlag gemacht, die Abgeordneten sollen auf den Zusammentritt einer int. Abrüstungs- und Friedenskonferenz hinwirken.

1894. 9. November. Der englische Premierminister Lord Rosebery spricht beim Lord-Mayorsbankett für den internationalen Frieden.

1894. November. Abg. Scheichert fordert im österreichischen Reichsrat Einsetzung internationaler Schiedsgerichte.

1894. 24. Dezember. Randal W. Cremer reist zum zweitenmal nach Amerika, um den anglo-amerikanischen Schiedsvertrag zu betreiben.

1895. 15. Januar. Im amerikanischen Senat wird der Präsident der Vereinigten Staaten neuerdings aufgefordert, mit fremden Staaten Unterhandlungen zwecks Abschluß von Schiedsverträgen anzubahnen.

1895. 20. März. Sir Wilfrid Lawson beantragt im englischen Unterhause, das Marinebudget um 1000 Pfund zu ermäßigen. (Abgelehnt.)

1895. April. Im amerikanischen Senat fordert Senator Sherman einen Kredit von 50000 Dollars als Reisekosten für Unterhändler, die mit fremden Mächten Unterhandlungen über Schiedsverträge anknüpfen sollen.

1895. 22. Juni. Abg. Kaftan interpelliert in den österreichischen Delegationen, unter Bezugnahme auf die panamerikanische Konferenz und die Anregung Gladstones im englischen Unterhause, wie auf die Friedensbewegung im allgemeinen, und erhofft baldige internationale Verständigung.

1895. 5. Juli. Der Abg. Barodet beantragt in der französischen Deputiertenkammer Anbahnung eines Schiedsvertrages mit den Vereinigten Staaten.

1895. August. Die Süddeutsche Volkspartei nennt sich in ihrem Programm eine „Partei des Friedens", verdammt darin den Krieg und sichert allen Bestrebungen auf Annäherung der Völker, gegenseitige Verminderung der Rüstungen und Einsetzung ständiger int. Schiedsgerichte ihre Unterstützung zu.

1895. 3.—5. August. III. Nordischer Friedenskongreß zu Stockholm.

1895. 12.—16. August. VI. interparlamentarische Konferenz zu Brüssel. Annahme eines Entwurfes für einen ständigen Schiedshof. Versendung an die Regierungen.

1895. 13. September. Franko = italienischer Friedenskongreß zu Perugia.

1895. 1.— 2. Oktober. Ein Spezialkomitee der Int. Law-Association revidiert auf dem Kongreß zu Brüssel die 1893 ausgearbeiteten Regeln für einen internationalen Schiedsvertrag.

1895. 10. Dezember. Alfred Nobel †. Großes Vermächtnis für die Friedensbewegung.

1895. 11. Dezember. Reichsfürst Löwenstein = Wertheim = Rosenstein tritt in der I. bayrischen Kammer für Schiedsgericht und int. Rechtsordnung ein.

1895. 14. Dezember. Gründung einer Friedensgesellschaft zu Budapest.

1895. Dezember. Papst Leo XIII. äußert sich zu einem Korrespondenten der „Nowoje Wremja" abfällig über den bewaffneten Frieden und zugunsten der int. Schiedsgerichtsbarkeit.

1895. Gründung einer Friedensgesellschaft in Norwegen.

1895. Gründung der Schweizer Friedensgesellschaft.

1895. Dezember. Venezuela = Wirren zwischen England und Amerika. Kriegsgefahr.

1896.

22. Februar. Erstmalige Feier des 22. Februar als internationalen Friedenstag.

3. März. Große Londoner Friedensversammlung zugunsten einer friedlichen Erledigung des Venezuelastreites.

4. März. Präsident Mac Kinley erklärt in seiner Antrittsrede die Schiedsgerichtsbarkeit als die richtige Methode der Zeit zur Schlichtung internationaler Streitigkeiten.

22. und 23. April. Große Versammlungen zu Washington für den friedlichen Ausgleich des Venezuelastreites und Abschluß eines ständigen anglo = amerikanischen Schiedsabkommens.

9. Juni. Abg. Kramarz interpelliert in den österreichischen Delegationen den Minister, wie er sich zu den Friedensbestrebungen der europäischen Parlamente stellt und fordert die Abschließung obligatorischer Schiedsverträge.

17.—21. September. VII. Weltfriedenskongreß zu Budapest.

23.—25. September. VII. interparlamentarische Konferenz zu Budapest. Ein Vertreter der russischen Regierung wohnt den Verhandlungen bei.

12. Oktober. Im österreichischen Reichsrat fordert Dr. Brzoràb die Regierung auf, mit den Mächten Verhandlungen wegen Schiedsverträgen anzuknüpfen.

November. Gaston Moch gründet das Zentralbureau der französischen Friedensgesellschaften.

9. November. Lord Salisbury proklamiert am Lord-Mayorsbankett die Föderation als das einzige Mittel, das die Zivilisation vor den Verwüstungen der Kriege bewahren kann.

10. November. Der englisch-amerikanische Venezuelakonflikt zu Washington durch ein Schiedsgericht entschieden.

3. Dezember. Interpellation des Freiherrn v. Pirquet im österreichischen Reichsrat über Anbahnung von Schiedsverträgen.

Kardinal Rampolla erklärt sich in einem Schreiben an den Herausgeber des „Daily-Chronicle" zugunsten eines ständigen Schiedshofes.

Kardinal Rampolla richtet im Auftrage des Papstes an den Präsidenten des Budapester Friedenskongresses ein Dankschreiben für die Huldigung des Kongresses und spricht sich für den Ersatz des Rechtes der Gewalt durch das Recht der Vernunft aus.

1897.

11. Januar. Unterzeichnung eines ständigen Schiedsvertrages zwischen England und den Vereinigten Staaten zu Washington. (Nicht ratifiziert.)

4. März. In der belgischen Kammer interpelliert der Deputierte de Brockeville über die Einsetzung eines ständigen Schiedshofes.

5. Mai. Der amerikanische Senat verwirft mit 6 Stimmen Majorität (die zur notwendigen Zweidrittelmehrheit fehlten) den ständigen anglo-amerikanischen Schiedsvertrag vom 11. Januar.

15. Mai. Franz Wirth †.

16. Juni. Das norwegische Storthing richtet eine neuerliche Petition an den König wegen Anknüpfung von Schiedsverträgen. Zustimmung des Königs.

7.—11. August. VIII. interparlamentarische Konferenz zu Brüssel.

12.—16. August. VIII. Weltfriedenskongreß zu Hamburg.

27. Oktober. Abg. Lerno tritt in der II. bayrischen Kammer für Schiedsgerichte und die Ziele der Friedensbewegung ein.

20. November. Graf Goluchowsky, österreichischer Minister des Auswärtigen, stellt in den österreichischen Delegationen die Forderung auf, daß sich die europäischen Völker im 20. Jahrhundert zusammenfinden müssen.

1898.

31. Januar. Die badische Kammer überweist eine Petition der Deutschen Friedensgesellschaft auf Reform des Schulunterrichtes im pazifistischen Sinne der Regierung als Material.

25. April. Ausbruch des Spanisch-Amerikanischen Krieges.

23. Juli. Ständiger Schiedsvertrag zwischen Italien und Argentinien.

14. August. Einstellung der Feindseligkeiten im Spanisch-Amerikanischen Krieg.

18. August. Feier zum 25jährigen Jubiläum des Institut du droit int. im Haag.

28. August. Zarenmanifest.

7. September. Ministerpräsident Graf Banffy begrüßt das Zarenmanifest im ungarischen Reichstag als eine hochbedeutsame Initiative.

26. September. Generalversammlung der Friedensgesellschaften in Turin.

30. September. Sitzung des Interparlamentarischen Rates in Brüssel.

28. Dezember. M. v. Egidy †.

Ministerpräsident Thun äußert sich im österreichischen Reichsrat sympathisch über das Zarenmanifest.

Sympathiezustimmung der englischen, französischen und italienischen Regierung zum Zarenmanifest.

Johann v. Blochs umfangreiches Werk über den Krieg.

1899.

Komitees zu Kundgebungen für die Friedenskonferenz in Deutschland und anderen europäischen Ländern.

William T. Stead plant einen Friedenskreuzzug durch ganz Europa.

11. Januar. II. Rundschreiben Murawieffs mit Programm für die Haager Konferenz.

12. Januar. Kardinal Rampolla teilt W. T. Stead den Beifall des Papstes zum geplanten Friedenskreuzzug mit.

12. und 13. Januar. Debatte im Deutschen Reichstag über das Zarenmanifest.

Februar. Professor Stengels Pamphlet gegen die Haager Konferenz.

9. März. Der englische Admiralitätschef Goschen gibt im Unterhause namens der Regierung die Erklärung ab, daß die englische Regierung geneigt sei, ihre Schiffsbaupläne zu vermindern, wenn die anderen Mächte bereit sind, dasselbe zu tun.

23. März. Im preußischen Abgeordnetenhaus wird über die Petition der Friedensgesellschaften, um Reform des Schulunterrichtes im pazifistischen Sinne, zur Tagesordnung übergegangen.

6. April. Der holländische Minister des Äußeren erläßt die Einladungen zur Haager Konferenz.

15. Mai. 565 Frauenvereine der ganzen Welt demonstrieren für das Gelingen der Haager Konferenz. Urheberin Frau Selenka.

18. Mai. Zusammentritt der Haager Konferenz.

29. Juli. Unterzeichnung der Schlußakte der Haager Konferenz.

2.—4. August. IX. interparlamentarische Konferenz zu Christiania.
31. August. Kongreß der Int. Law-Association nimmt zu Buffalo das
      Reglement und die Statuten zur Schaffung eines ständigen
      Schiedstribunals an.
 8. September. Kaiser Wilhelms Rede: „Ehe die Theorien des
      ewigen Friedens zur allgemeinen Anwendung kommen,
      wird noch manches Jahrhundert vergehen."
23. September. Trafalgar-Squareversammlung der englischen Friedens-
      freunde gegen den Transvaalkrieg. Die Redner in Lebens-
      gefahr.
 3. Oktober. Schiedsurteil zwischen England und Venezuela wegen
      eines gefährlichen Grenzstreites.
11. Oktober. Ausbruch des Transvaalkrieges.
 2. Dezember. Schiedsurteil zwischen Deutschland, Vereinigten Staaten
      und England in der Samoaangelegenheit.
Gemeinsame Aktion deutscher und französischer Truppen am Togo.
Gaston Moch in Paris gibt Schriften Egidys in französischer Sprache
      heraus.
Faschodazwischenfall. Kriegsgefahr zwischen England und Frankreich.

1900.

Burenbewegung in Deutschland und anderen europäischen Ländern.
Der Schweizer Bundesrat lehnt das ihm von Chile und Argentinien
      zugewiesene Schiedsrichteramt unter Hinweis auf den
      nunmehr bestehenden Schiedshof im Haag ab.
Weltausstellung zu Paris.
Das Berner int. Friedensbureau beteiligt sich an der Pariser Aus-
      stellung.
Chinaexpedition. Weltfeldmarschall Graf Waldersee.
31. Juli bis 10. August. X. interparlamentarische Konferenz zu Paris.
30. August. Schiedsspruch in der Delagoabahnangelegenheit zwischen
      England und Portugal.
 4. September. Hinterlegung der Ratifikationen der Haager Kon-
      vention im Haag.
19. September. Der Verwaltungsrat des Haager Hofes konstituiert sich.
30. September bis 5. Oktober. IX. Weltfriedenskongreß zu Paris.
29. Oktober. Englisch-französische Arbeiterkundgebung für den Frieden
      auf der Pariser Arbeiterbörse.
November. Flottenvorlage im Deutschen Reichstag.

1901.

16. Januar. Lord Rosebery hält in der Handelskammer zu Wolver-
      hampton einen Friedensvortrag, worin er den „Unsinn der
      Eroberung" geißelt.
März. Präsident Krüger in Paris. Das Volk auf der Straße ruft
      „Schiedsgericht! Schiedsgericht!"
27. März. Sir Thomas Barclay hält in Paris einen Vortrag und
      regt dabei einen franko-englischen Schiedsvertrag an.
April. Der Haager Schiedshof wird konstituiert.

15. Juni. Französische Arbeiter in London demonstrieren für den Frieden.

21. August. Kongreß der Int. Law-Association in Glasgow tritt für Schiedsgericht ein.

2. September. Sitzung des Rates der Interparlamentarischen Union zu Brüssel.

10.—13. September. X. Weltfriedenskongreß zu Glasgow.

Oktober. II. Panamerikanische Konferenz tritt zu Meriko zusammen.

10. Dezember. I. Verteilung des Nobelpreises; Fréd. Passy und Henri Dunant.

1902.

6. Januar. Johann v. Bloch †.

11. Januar. Ständiger Schiedsvertrag zwischen Spanien und Meriko.

20. Januar. Vertrag zu Corinto zwischen Costa-Rica, Honduras, Nicaragua, Salvador zur Einsetzung eines eigenen Schiedshofes für diese Staaten.

28. Januar. Abschluß von Schiedsverträgen seitens Spaniens mit Argentinien, Bolivien, Columbien, Paraguay, San Domingo, Salvador, Uruguay.

29. Januar. Panamerikanischer Schiedsvertrag zu Meriko zwischen Argentinien, Bolivien, Guatemala, Meriko, Paraguay, Peru, San Domingo, Salvador, Uruguay.

29. Januar. Schluß der II. Panamerikanischen Konferenz.

30. Januar. Panamerikanischer Schiedsvertrag (nur für Streitigkeiten über Geldforderungen) zu Meriko zwischen Argentinien, Bolivien, Columbien, Costa-Rica, Chile, Ecuador, Vereinigte Staaten, Guatemala, Haiti, Honduras, Meriko, Nicaragua, Paraguay, Peru, San Domingo, Salvador, Uruguay.

Februar. Baron d'Estournelles in Washington veranlaßt, daß Präsident Roosevelt den Haager Schiedshof in Funktion setzt.

20. März. Baron d'Estournelles gründet im Schoße des französischen Parlaments die Groupe de l'Arbitrage parlamentaire. Sofort 160 Mitglieder (jetzt über 400).

2.—6. April. XI. Weltfriedenskongreß zu Monaco.

28. Mai. Schieds- und Abrüstungsvertrag zwischen Chile und Argentinien.

31. Mai. Friede zu Pretoria. Ende des Transvaalkrieges.

Juni. Jaurès spricht in der französischen Kammer gegen den Revanchegedanken.

7. Juni. Eröffnung des Kriegs- und Friedensmuseums zu Luzern.

September. Die Regierung der Ver. Staaten protestiert „Im Namen der Menschlichkeit" gegen die Behandlung der Juden in Rumänien.

15. September. Der Haager Schiedshof tritt in der Streitsache zwischen den Ver. Staaten und Meriko das erstemal in Funktion.

2. Oktober. Organisation des ständigen Schiedshofes für Zentralamerika zu San José de Costa-Rica.

14. Oktober. **Schiedsspruch des Haager Hofes in der Streitsache der Ver. Staaten mit Mexiko.**

Oktober. I. Nationaler französischer Friedenskongreß zu Toulouse.

10. Dezember. II. Verteilung des Nobelpreises; Ducommun und Dr. Gobat.

Andrew Carnegie stiftet für den Bau eines Schiedshofpalastes im Haag 6 Millionen Mark.

1903.

25. Februar. Errichtung des Internationalen Friedensinstitutes zu Monaco.

21.—25. Juni. Besuch französischer Parlamentarier in London.

1. September. **Im Haag tritt das Schiedsgerichtstribunal in der Venezuelasache zusammen.**

7.—9. September. XI. interparlamentarische Konferenz zu Wien.

22.—25. September. XII. Weltfriedenskongreß zu Rouen und Havre.

14. Oktober. **Unterzeichnung des ständigen franko-englischen Schiedsvertrags.**

20. Oktober. **Schiedsurteil zwischen England und Ver. Staaten wegen des Alaskastreites.**

9. November. Balfours Friedensrede am Lord-Mayorsbankett. Er preist „den Geist, der es jeder europäischen Regierung zu Bewußtsein bringt, daß sie ein Verbrechen begeht, wenn sie die Nation in den Krieg treibt".

26. November. Gegenbesuch der englischen Parlamentarier in Paris.

10. Dezember. III. Verteilung des Nobelpreises; Randal W. Cremer.

Dr. Molenaar gründet in München eine deutsch-französische Liga.

1904.

12. Januar. In Washington konstituiert sich unter dem Vorsitz John Fosters ein Komitee hervorragender Personen zur endlichen Herbeiführung eines ständigen anglo-amerikanischen Schiedsvertrages.

21. Januar. In Berlin wird ein Mitteleuropäischer Wirtschaftsverein begründet.

Januar. William Fox aus London nimmt in Berlin mit leitenden Kreisen wegen eines anglo-deutschen Schiedsvertrages Fühlung.

5. Februar. **Ständiger Schiedsvertrag zwischen England und Italien.**

8. Februar. **Ausbruch des Russisch-Japanischen Krieges.**

22. Februar. **Schiedsspruch des Haager Tribunals in der Venezuela-angelegenheit.**

26. Februar. **Ständiger Schiedsvertrag zwischen Spanien und Frankreich.**

27. Februar. **Ständiger Schiedsvertrag zwischen Spanien und England.**

12. März. **Ständiger Schiedsvertrag zwischen Dänemark und Holland (ohne Beschränkung).**

20. März. Generalversammlung der Deutschen Friedensgesellschaft zu Kassel. Erklärung zur Deutsch-Französischen Annäherung.

März. Justizminister Murawieff erstattet dem Zaren Bericht über den Venezuelaschiedsspruch und das Haager Schiedsgericht.

Don Arturo de Marcoartu †.

21. März. An der Grenze zwischen Chile und Argentinien wird zur Erinnerung an das Schiedsgerichts = und Abrüstungsüberein = kommen beider Länder eine weithin sichtbare Christusstatue errichtet.

6. April. **Ständiger Schiedsvertrag zwischen Frankreich und Holland.**

7.—10. April. II. Nationaler französischer Friedenskongreß zu Nîmes. Absage an die Revancheidee.

8. April. **Franko - englisches Kolonialabkommen.**

14. April. Debatte im Deutschen Reichstag über das franko = englische Kolonialabkommen. Graf Bülow: „Wenn wir unser Schwert scharf halten, brauchen wir uns vor dem Alleinsein nicht zu fürchten."

April. Aufruf an die deutsche Presse zwecks Gründung einer Union der schiedsgerichtsfreundlichen Presse Deutschlands.

18. Mai. Große Friedensfeier in Paris (Nouveau Theatre) zum Eröffnungstag der Haager Konferenz.

21. Mai. **Ständiger Schiedsvertrag zwischen Spanien und Portugal.**

22. Mai. Zusammentritt des Schiedsgerichts in der Streitsache Japans gegen einige europäische Mächte.

29.—31. Mai. I. Nationaler italienischer Friedenskongreß zu Turin.

31. Mai. Der Präsident von Chile erklärt bei Eröffnung der Kammern, daß die Finanzen von der Last des bewaffneten Friedens befreit seien. Durch den Verkauf der Kriegsschiffe wurden Summen zur Verbesserung der Häfen frei. Die Einnahmen heben sich zusehends.

10. Juni. Friedensdemonstration am Kongreß des internationalen Frauenbundes zu Berlin. Schutzmannschaft zu Pferde mußte die umliegenden Straßen absperren.

15. Juni. Gaston Moch macht in der Pariser „Revue" den Vorschlag zur Entwaffnung der franko = italienischen Grenze.

17. Juni. In der italienischen Kammer spricht der Kriegsminister Pedalti gegen die Mehrrüstungen.

21. Juni. Kaiser Wilhelm konstatiert in seiner Cuxhavener Rede: „Daß allmählich die Solidarität unter den Völkern der Kulturländer unstreitig Fortschritte macht und unmerklich in das Programm der Staatenlenker übergeht."

Juni. X. Konferenz von Lake = Mohonk in den Vereinigten Staaten.

2. Juli. 345 englische Arbeiter (Vertreter von 2 Millionen) in Paris gefeiert.

5. Juli. I. Nationaler englischer Friedenskongreß zu Manchester.

6. Juli. V. Nordischer Friedenskongreß zu Kopenhagen.

8. Juli. Der Schweizer Bundesrat ermächtigt den Bundespräsidenten, mit den Mächten betr. Abschluß von Schiedsverträgen in Verbindung zu treten.

9. Juli.   **Ständiger Schiedsvertrag zwischen Frankreich und Schweden-Norwegen.**

12. Juli. **Ständiger Schiedsvertrag zwischen Deutschland und England.**

17. Juli. Berliner „Nationalzeitung" konstatiert die Ausdehnung der Friedensbewegung. „Ihr Einfluß darf nicht mehr unterschätzt werden."

22. Juli. Japan unterzeichnet mit Deutschland, Frankreich, Italien und Großbritannien einen Vertrag, wonach der Streit über die Besteuerung der Europäer dem Haager Schiedsgericht unterbreitet wird.

Juli. Baron d'Estournelles in Kiel von Kaiser Wilhelm empfangen.

Juli. Der englische Staatssekretär des Krieges Mr. Arnold Forster tritt für Verminderung des englischen Landheeres ein.

Juli. Das internat. Friedensinstitut veröffentlicht den I. Band einer „Bibliographie des Friedens" mit 2222 Nummern.

12.—15. September. XII. interparlamentarische Konferenz zu St. Louis.

22. September. Das Institut du droit int. konstatiert in seiner Sitzung zu Edinburg den Fortschritt der Schiedsgerichtsbarkeit.

29. September. Empfang der Mitglieder der XII. interparlamentarischen Konferenz bei Präsident Roosevelt im Weißen Hause zu Washington. Zusage des Präsidenten, daß er Einladungen zu einer II. Haager Konferenz erlassen wird.

September. Der int. Freimaurerkongreß zu Lüttich beschließt, daß sich die Freimaurer an die Spitze der Friedensbewegung setzen sollen.

September. Leo Tolstoi veröffentlicht unter dem Titel „Besinnt Euch!" ein Manifest gegen den Krieg in Ostasien.

4.—7. Oktober. XIII. Weltfriedenskongreß zu Boston. Eröffnung durch Staatssekretär Hay.

21.—22. Oktober. Russische Kriegsschiffe beschießen bei der Doggerbank englische Schifferboote. Kriegsgefahr zwischen England und Rußland.

30. Oktober. Ständiger Schiedsvertrag zwischen Belgien und Rußland.

31. Oktober. Zirkulardepesche des amerikanischen Staatssekretärs Hay zwecks Einberufung einer neuen Friedenskonferenz im Haag.

1. November. **Ständiger Schiedsvertrag zwischen Vereinigten Staaten und Frankreich.** (Nicht ratifiziert.)

6. November. Artikel in der „Norddeutschen Allgemeinen Zeitung" zugunsten der Schiedsgerichtsbarkeit.

8. November. Denkwürdige Rede Lord Lansdownes am Lord-Mayors-bankett zugunsten der Schiedsgerichtsbarkeit.

10. November. Jaurès verlangt in der französischen Deputiertenkammer ein Bündnis mit Deutschland.

13. November. Baron d'Estournelles wird zum Senator gewählt. Kaiser Wilhelm gratuliert.

14. November. Gründung eines deutschen Friedensvereins in Neuyork.

15. November. Sir Thomas Barclay in Berlin; vom Reichskanzler empfangen.

15. November. **Ständiger Schiedsvertrag zwischen Belgien und der Schweiz.**

16. November. Ständiger Schiedsvertrag zwischen England und Portugal.

17. November. Interpellation Graf Albert Apponyis im ungarischen Reichsrat über die Teilnahme Ungarns an der II. Haager Konferenz.

21. November. Ständiger Schiedsvertrag zwischen den Vereinigten Staaten und der Schweiz. (Nicht ratifiziert.)

22. November. Ständiger Schiedsvertrag zwischen den Vereinigten Staaten und Deutschland. (Nicht ratifiziert.)

23. November. Ständiger Schiedsvertrag zwischen Italien und der Schweiz.

23. November. Ständiger Schiedsvertrag zwischen den Vereinigten Staaten und Portugal. (Nicht ratifiziert.)

30. November. Ständiger Schiedsvertrag zwischen Belgien und Schweden-Norwegen.

November. Kaiser Wilhelm begrüßt in einer Depesche an den Präsidenten Roosevelt den deutsch-amerikanischen Schiedsvertrag als starkes Glied, um Deutschland und Amerika in friedliche Beziehungen zum Besten der Zivilisation zu verknüpfen.

3. Dezember. Ständiger Schiedsvertrag zwischen Österreich-Ungarn und der Schweiz.

3.—6. Dezember. Debatten im Deutschen Reichstag über den Russisch-Japanischen Krieg und die Schiedsgerichtsbarkeit.

6. Dezember. Ständiger Schiedsvertrag zwischen Rußland und Schweden-Norwegen.

7. Dezember. Botschaft des Präsidenten Roosevelt an den Kongreß nennt die schiedsgerichtliche Erledigung des Venezuelafalles ein „glückliches Vorzeichen für den Weltfrieden".

9. Dezember. Richard Reuter †.

10. Dezember. IV. Verteilung des Nobelpreises; Institut du Droit int.

12. Dezember. Ständiger Schiedsvertrag zwischen England und den Vereinigten Staaten. (Nicht ratifiziert.)

14. Dezember. Ständiger Schiedsvertrag zwischen Frankreich und der Schweiz.

14. Dezember. Ständiger Schiedsvertrag zwischen den Vereinigten Staaten und Italien. (Nicht ratifiziert.)

17. Dezember. Ständiger Schiedsvertrag zwischen Schweden-Norwegen und der Schweiz.

19. Dezember. Botschaft des Schweizer Bundesrates an die Bundesversammlung betreffend die Schiedsgerichtsbarkeit: „Die Achtung vor dem Recht wird immer mehr die Richtschnur der int. Beziehungen werden."

31. Dezember. Ständiger Schiedsvertrag zwischen Vereinigten Staaten und Spanien. (Nicht ratifiziert.)

1905.

1. Januar. Präsident Loubet sagt in seiner Neujahrsansprache: „Der Schiedsgerichtsgedanke fährt fort im Geiste der Völker und Regierungen an Autorität zu gewinnen."

1. Januar. **Der König von Belgien sagt beim Neujahrsempfang:** „Wir befinden uns am Beginn einer großen Bewegung zugunsten des Schiedsgerichtswesens und der friedlichen Regelung der großen politischen Streitfragen."

6. Januar. **Ständiger Schiedsvertrag zwischen Österreich-Ungarn und den Vereinigten Staaten.** (Nicht ratifiziert.)

8. Januar. Das Berner int. Friedensbureau veröffentlicht die zur Beurteilung des Russisch=japanischen Krieges wichtigsten Aktenstücke.

9. Januar. Zusammentritt der int. Untersuchungskommission in dem russisch-englischen Konflikt über den Vorfall bei der Doggerbank.

19. Januar. Erste Sitzung der int. Untersuchungskommission (Doggerbank) in Paris.

20. Januar. **Ständiger Schiedsvertrag zwischen Schweden-Norwegen und den Vereinigten Staaten.** (Nicht ratifiziert.)

26. Januar. **Ständiger Schiedsvertrag zwischen Belgien und Spanien.**

Januar. In die Handelsverträge zwischen Österreich-Ungarn, Rumänien, Schweiz wird die Schiedsklausel aufgenommen.

11. Februar. **Ständiger Schiedsvertrag zwischen Japan und den Vereinigten Staaten.** (Nicht ratifiziert.)

11. Februar. Der amerikanische Senat ratifiziert die seitens der Vereinigten Staaten in letzter Zeit abgeschlossenen ständigen Schiedsverträge mit einem Amendement, das dem Senat die Zustimmung für jeden einzelnen der Schiedsgerichtsbarkeit zu unterwerfenden Fall sichert, wodurch jedoch der ständige Charakter der Verträge illusorisch wird — worauf Präsident Roosevelt seine Zustimmung verweigert.

25. Februar. Schluß der intern. Untersuchungskommission über die Doggerbankangelegenheit und Erstattung des Berichtes.

Februar. Antrag Crae im englischen Unterhaus auf Anknüpfung von Verhandlungen zwecks allgemeiner Herabsetzung der Flottenrüstungen. (Abgelehnt.)

1. März. Ständiger Schiedsvertrag zwischen Dänemark und Rußland.

9. März. Rußland zahlt 65000 Pfd. Sterl. Entschädigung für die Huller Fischer.

22. März. Rede Kaiser Wilhelms in Bremen. „Öde Weltherrschaft" und „Goldener Friede".

27. März. Papst Pius X. verurteilt in einer Ansprache im geh. Konsistorium den Russisch-Japanischen Krieg.

März. Aufsteigen der Marokkokrise. Kaiser Wilhelm in Tanger.

März. Dr. Rivière in Paris gründet eine int. Friedensgesellschaft der Ärzte.

3. April. In Wien konstituiert sich ein Mitteleuropäischer Wirtschaftsverein für Österreich.

6. April. Gaston Moch gründet zu Paris eine Esperantistenfriedensgesellschaft.

11. April. Denkwürdige Rede des Baron d'Estournelles im französischen Senat für die Beschränkung der Seerüstungen.

18. April. Ständiger Schiedsvertrag zwischen Italien und Peru.
24. April. Friedensdemonstration österreichischer und italienischer Arbeiter in Triest.
25. April. Ständiger Schiedsvertrag zwischen Belgien und Dänemark. (Ohne Beschränkung.)
26.—30. April. III. nationaler französischer Friedenskongreß zu Lille.
2. Mai. Ständiger Schiedsvertrag zwischen Belgien und Griechenland.
6. Mai. Ständiger Schiedsvertrag zwischen Portugal und Schweden-Norwegen.
23. Mai. Schiedsspruch des Haager Tribunals in der Streitsache Japans mit einigen europäischen Mächten.
27. Mai. Ständiger Schiedsvertrag zwischen Belgien und Rumänien.
31. Mai bis 3. Juni. XI. Mohonk-Lake Konference in den Vereinigten Staaten.
Mai. In den von Deutschland mit anderen Staaten abgeschlossenen Handelsverträgen werden Schiedsklauseln eingefügt.
Juni. Spannung zwischen Deutschland und Frankreich. Angebliche Kriegsgefahr.
Juni. Baron d'Estournelles begründet in Paris das „Comité de Conciliation int."
Juni. Das Int. Friedensinstitut veröffentlicht den I. Band des „Annuaire de la Vie internationale".
7. Juni. Entthronung des Königs von Norwegen.
26. Juni. Dr. Max Hirsch †.
28.—29. Juni. II. nationaler englischer Friedenskongreß zu Bristol.
Juli. Verständigung zwischen Deutschland und Frankreich; Beschluß einer int. Konferenz in der Marokkofrage.
23. Juli. Zusammentritt eines Schiedstribunals im Haag zur Schlichtung eines Streitfalles zwischen Frankreich und England in der Maskatfrage.
8. August. Schiedsspruch des Haager Tribunals in der Maskatfrage.
9. August. Der XVI. Int. Bergarbeiterkongreß zu Lüttich protestiert gegen den Krieg und tritt für Frieden und Schiedsgericht ein.
12. August. Japanisch-Englischer Bündnisvertrag zu London unterzeichnet.
28. August. Unterzeichnung des Friedens zu Portsmouth zwischen Rußland und Japan.
28.—29. August. XIII. Interparlamentarische Konferenz zu Brüssel.
28.—31. August. VI. Internationaler Kongreß für freies und fortschrittliches Christentum zu Genf beschließt Grüße an den Weltfriedenskongreß zu Luzern und billigt seine Bestrebungen.
August. Die „Society of Friends" zu London wendet sich unter Protest gegen die englisch-deutsche Verhetzung an die deutschen Friedensfreunde.
31. August. Kongreß der französischen Volksschullehrer zu Lille (115000 Mitglieder). „Krieg dem Kriege" an die Spitze des Programms gestellt.
1. September. Internationaler Studentenkongreß zu Lüttich tritt für den Frieden ein.

2.—7. September. Int. Kongreß der Volksschullehrer zu Lüttich tritt
    für Frieden und Schiedsgericht und für Erziehung der Jugend
    im pazifistischen Sinne ein.

3.—7. September. Int. Freidenkerkongreß zu Paris. Frieden und
    Schiedsgericht.

4.—8. September. Kongreß der Int. Law-Association zu Kopenhagen
    für int. Schiedsgerichtsbarkeit.

7. September. **Ständiger Schiedsvertrag zwischen Brasilien und
    Argentinien.**

15. September. **Ständiger Schiedsvertrag zwischen Dänemark und
    Frankreich.**

17. September. Parteitag der deutschen Sozialdemokratie zu Jena;
    gegen den Krieg und für int. Versöhnung.

19.—23. September. XIV. Weltfriedenskongreß zu Luzern.

23. September. Gründung des anglo=deutschen Freundschaftskomitees
    zu Luzern.

23.—25. September. Parteitag der Freisinnigen Volkspartei zu Wies=
    baden beschließt Unterstützung der Bestrebungen für Frieden
    und Völkerannäherung.

24. September. **Karlstadter Abkommen zwischen Schweden und Nor=
    wegen. Friedliche Auflösung der Union; vier Schiedsverträge.**

24.—27. September. Parteitag der Deutschen Volkspartei zu Frank=
    furt a. M. Zustimmung zur Friedensbewegung.

10. Oktober. **Ständiger Schiedsvertrag zwischen Brasilien und Chile.**

25. Oktober. **Ständiger Schiedsvertrag zwischen Dänemark und England.**

November. **Thronrede Kaiser Wilhelms: „Es ist mir eine heilige
    Sache um den Frieden des deutschen Volkes."**

8. November. Balfours bedeutende Guildhallrede über Schiedsgericht
    und über das Recht in den internationalen Beziehungen.

18. November. **Ständiger Schiedsvertrag zwischen Italien und Peru.**

1. Dezember. Große Cayton=Hall=Versammlung zu London für die
    deutsch=englische Verständigung.

2. Dezember. Deutschfreundliche Veranstaltung im Londoner Lyzeumklub.

4. Dezember. **Schiedsvertrag zwischen Dänemark und Italien.**
    (Ohne Beschränkung.)

5. Dezember. **Botschaft des Präsidenten Roosevelt an den Kongreß
    der Ver. Staaten über die II. Haager Konferenz.**

10. Dezember. V. Verteilung des Nobelpreises; Baronin Suttner.

16. Dezember. In Bern wird eine internationale Friedenspropaganda=
    kasse begründet.

21. Dezember. Programmrede des englischen Ministerpräsidenten
    Campbell=Bannerman: „Vermehrung der Rüstungen ist
    eine große Gefahr für den Weltfrieden".

Dezember. Große Versammlungen in Deutschland zur Verständigung
    mit England.

Dezember. **Ständiger Schiedsvertrag zwischen Columbien und Peru.**

1906.

16. Januar. **Zusammentritt der Konferenz zu Algeciras.**

10. Januar. Der englische Staatssekretär des Kriegswesens, Mr. Haldane,
    spricht sich in Dunbar günstig für eine Abrüstung aus.

17. Januar. Reichskanzler Fürst Bülow drückt dem Sekretär des anglo=
deutschen Freundschaftskomitees in London, Mr. Fox, den
Beifall zur englisch=deutschen Verständigungsaktion aus.

17. Januar. **Fallières, der Präsident der X. Interparl. Konferenz,
wird Präsident der französischen Republik.**

19. Januar. Vom „Courrier Européen" zu Paris veranstaltete große
Versammlung gegen die Mittelalterlichkeit der Diplomatie.

11. Februar. In den Handelsvertrag zwischen Österreich-Ungarn
und Italien wird die Schiedsklausel aufgenommen.

22. Februar. Anläßlich der Friedensweltfeier werden in 600 Städten
Europas gleichlautende Plakate „Gegen den Krieg!" affichiert.

Februar. Gründung einer amerikanischen Society of intern. Law.

März. **Schiedsvertrag zwischen Österreich-Ungarn und Portugal.**

März. Landtagsabg. Betz interpelliert in der Württembergischen Kammer
über den Verbleib des deutsch=schweizerischen Schiedsvertrags.

4. März. Sitzung des Internationalen sozialistischen Bureaus in
Brüssel. Maßnahmen gegen Kriegsgefahr.

8. März. Englischer Staatssekretär des Krieges, Mr. Haldane, drückt
im englischen Unterhause den Wunsch aus, daß die Völker
soweit wären, um gemeinsam der Frage der Abrüstung
näherzutreten.

10. März. Grubenunglück zu Courrière. Deutsche Bergleute eilen zur
Rettung ihrer französischen Kameraden nach Frankreich.

12. März. Mr. Percy Alden fragt im englischen Unterhaus den Mi=
nisterpräsidenten über den Stand der Verhandlungen wegen
gleichzeitiger Abrüstung. Zusicherung, daß der Minister
keine Gelegenheit vorübergehen lassen wird, um eine Ver=
minderung der Rüstungen zu zeitigen.

13. März. Der Sekretär des deutschen Komitees für die anglo=deutsche
Verständigung, Baron de Neufville, überreicht dem Vor=
sitzenden des Londoner Komitees eine Sympathiekundgebung
für England mit 1000 Unterschriften.

14. März. **Gründung einer Friedensgesellschaft in Japan durch Gilbert
Bowles.**

16. März. **Rußland erläßt die Einladungen zur II. Haager Konferenz.**

7. April. **Schluß der Algecirastonferenz.**

9. April. Baron d'Estournelles' große Rede im französischen Senat
gegen die Marinerüstungen.

11. April. Beginn einer Agitation zugunsten eines deutsch=amerika=
nischen Schiedsvertrages in Neuyork.

26. April. Der englische Premierminister Campbell=Bannerman spricht
sich für eine Verminderung der Rüstungen aus und glaubt,
England könne sich damit an die Spitze setzen.

Mai. Die deutsche Friedensgesellschaft sammelt Gelder für die
Hinterbliebenen der Opfer von Courrière.

Mai. Die deutschen Bürgermeister in London festlich empfangen.

5. Mai. Rich. Barthold fordert in der amerikanischen Repräsentanten=
kammer die Regierung auf, die Ausführung neuer Kriegs=
schiffbauten bis zum Ausgang der II. Haager Konferenz zu
vertagen.

9. Mai.   Denkwürdige Interpellation des Deputierten Viviani im
           englischen Unterhaus: die Regierung möge vorbereitende
           Schritte für eine allgemeine Abrüstung unternehmen. Ein-
           stimmige Annahme durch das Parlament und von der Re-
           gierung „als erfreuliches Zeichen der öffentlichen Meinung"
           gutgeheißen.
18. Mai.   Großartige Feier des Jahrestags der Haager Konferenz-
           eröffnung seitens der Pariser Freimaurer. 2000 Personen
           anwesend.
19. Mai.   Simplontunnel feierlich eröffnet. Friedensreden des Königs
           von Italien und des Schweizer Bundespräsidenten.
19. Mai.   Große Volksversammlung in Neuyork zugunsten eines
           deutsch-amerikanischen Schiedsvertrags.
18.—20. Mai. III. Nationaler englischer Friedenskongreß zu Birmingham.
25. Mai.   Abrüstungsinterpellation im englischen Oberhaus. Unterstaats-
           sekretär Fitz-Maurice erklärt, daß die englische Regierung eine
           Verminderung der Kriegsausgaben vorzunehmen beabsichtigt.
30. Mai.   Der Vorstand der österreichischen Friedensgesellschaft erklärt
           sich für Abhaltung eines deutsch-österreichischen Friedenstages.
30. Mai bis 2. Juni. XII. Lake-Mohonk-Konferenz in den Vereinigten
           Staaten.
2. Juni.   Sitzung des interparlamentarischen Rates zu Brüssel. Der
           **Vorsitzende teilt mit, daß die englische Regierung eine
           Sondertagung der interparl. Union noch in diesem Jahre
           in London wünscht.**
2.—4. Juni. IV. Nationaler französischer Friedenskongreß zu Lyon.
12. Juni. Minister Bourgeois erklärt in der französischen Deputierten-
           kammer, daß er jede Initiative zur Verminderung der
           Rüstungen mit Sympathie begrüßen werde.
14. Juni. Minister Tittoni erklärt in der italienischen Kammer, den
           englischen Abrüstungsvorschlag im Haag unterstützen zu wollen.
20.—28. Juni. 48 deutsche Journalisten festlich in London empfangen.
26. Juni. Sir Th. Barclay hält am Kongreß der Baumwollspinner in
           Bremen eine Rede über friedliche Festigung der Beziehungen
           zwischen England, Frankreich und Deutschland.
Juni.   Abgeordneter Klofač befragt in der österreichischen Delegation
           über die Haltung der Regierung zum englischen Abrüstungs-
           vorschlag. Ausweichende Antwort des Ministers Goluchowsky.
4. Juli.   Der amerikanische Präsidentschaftskandidat Bryan hält in
           London am Unabhängigkeitstag eine Rede für Schiedsgerichte.
6. Juli.   Neue Genfer Konvention in Genf unterzeichnet.
11. Juli. Der Lordkanzler im National-Liberal-Club zu London für
           internationale Kooperation.
23. Juli. **Zusammentritt der III. panamerikanischen Konferenz zu
           Rio de Janeiro.**
23.—25. Juli. **XIV. Interparlamentarische Konferenz zu London. über
           500 Parlamentarier aus 23 Parlamenten. Begrüßung durch
           den Ministerpräsidenten namens des Königs und der Re-
           gierung. Bedeutende Eröffnungsrede Campbell-Bannermans
           für Abrüstung. Denkwürdige Reden von d'Estournelles und
           Bryan.**

20. August. Das Bureau der Hirsch = Dunckerschen Gewerkvereine (120 000 Mitglieder) faßt den einstimmigen Beschluß, den nächsten Friedenskongreß zu begrüßen und sich der Friedens= bewegung anzuschließen.

27. August. **Schluß der III. panamerikanischen Konferenz.**

1. September. Die „Schlesische Volkszeitung", führendes Organ des Zentrums: „Die Zeit ist dahin, wo man die Männer für Sonderlinge und Schwärmer gehalten hat, die von einem allgemeinen Weltfrieden als etwas Erreichbarem reden" usw.

19.—22. September. **XV. Weltfriedenskongreß zu Mailand.** Präsident Roosevelt sendet spontane Begrüßungsdepesche. Begrüßung seitens der ital. Regierung, des Papstes und des Königs von Italien.

20. September. Gründung einer franko=italienischen Liga zur Ent= waffnung der Alpengrenze in Mailand.

27. September. Große Friedensversammlung in Straßburg. Redner Prof. Chauvelon aus Paris.

September. Sitzung des Institut du droit int. zu Gent.

2.—6. Oktober. 23. Kongreß der Internationalen Law-Assoziation zu Berlin. Dr. Darby und Barclay für Schiedsgerichtsbarkeit. Empfang im kaiserlichen Schloß, seitens der Regierung und der Stadt.

5. Oktober. Der italienische Ministerpräsident Tittoni beglückwünscht Moneta, den Präsidenten des Mailänder Friedenskongresses, zu den Ergebnissen dieses Kongresses.

20. Oktober. Freiherr v. Pirquet †.

Oktober. Nationalliberaler Parteitag spricht sich gegen eine Rüstungs= beschränkung aus.

Oktober. Amerikanischer Verband der Arbeiterdelegierten (27 000 Ver= treter von 2 Millionen Arbeitern) fordert den Präsidenten Roosevelt auf, für Einschränkung der Rüstungen aller Na= tionen einzutreten.

Oktober. Erscheinen von Hohenlohes Memoiren mit interessanten Ent= hüllungen über die in der Diplomatie vorherrschenden An= schauungen über Kriege.

3. November. **Papst Pius X.** dankt durch ausführliches Schreiben des Staatssekretärs dem Präsidenten des Mailänder Friedenskongresses für die Huldigung des Kongresses und spricht sein Interesse für die Bemühungen des Friedenskongresses aus.

9. November. Der franz Sozialistenkongreß spricht sich für Frieden und Milizorganisation aus.

9. November. Am Lord=Mayorsbankett betont der Staatssekretär des Krieges, Mr. Haldane, die Notwendigkeit einer Beschränkung der Kriegsrüstungen. „Es wird eine Zeit kommen, die auf das Barbarentum der Gegenwart mit Staunen zurückblicken wird."

14. November. Fürst Bülow konstatiert im Reichstag die guten Erfolge des anglo=deutschen Freundschaftskomitees.

15. November. In Berlin und Paris erscheint eine franko=deutsche Revue „Der Continent" mit dem Programm einer Verständigung beider Nationen.

17. November. Der Zentralverband der österreichischen Staatsbeamten, 44000 Mitglieder, tritt der österreichischen Friedensgesellschaft mit der Begründung bei, daß die stets steigenden Lasten des bewaffneten Friedens die Staatsbeamten an den Zielen der Friedensbewegung aufs lebhafteste interessieren.

18. November. Der französische Ministerpräsident Clemenceau äußert sich dem Korrespondenten des „Berliner Tageblattes" gegenüber: „Ich will keinen Krieg, und wenn man den Krieg nicht will, will man gute Beziehungen... Um einen Krieg zu wünschen muß man übrigens von Sinnen sein."

22. November. In einem Schreiben an die Hamburger Friedensgesellschaft erklärt Herr Ballin, der Direktor der HamburgAmerikanischen Paketfahrtgesellschaft, den man beschuldigt hat, einer Hamburger Kriegspartei anzugehören, daß diese Vermutung wahnsinnig und ehrverletzend ist. Selbst ein siegreicher Krieg würde seinem Unternehmen solche Wunden schlagen, daß ein Menschenleben nicht ausreichen würde, diese Wunden zu heilen.

23. November. Der deutsche Kolonialdirektor Dernburg, der jahrelang Mitglied der deutschen Friedensgesellschaft war, wurde von dieser zu seinem Amtsantritt beglückwünscht und drückt seine Freude über diese Kundgebung aus.

24. November. Konstituierung und erste öffentl. Sitzung der Japan. Friedensgesellschaft zu Tokio.

 7. Dezember. Elie Ducommun †.

10. Dezember. VI. Verteilung des Nobelpreises; Präsident Roosevelt.

13. Dezember. Baron d'Estournelles wendet sich im französischen Senat abermals gegen die Flottenrüstungen. Marineminister Thomson betrachtet eine internationale Rechtspflege nicht als Chimäre, ist aber für Sicherung des Landes, „bis das Recht an Stelle der Macht trete".

18. Dezember. Minister Tittoni bezeichnet in der italienischen Kammer einen Krieg zwischen europäischen Mächten als den „Allgemeinen Bankrott Europas" und wendet sich gegen die „Zügellosigkeit eines Teiles der Presse", die „die hauptsächlichste, wenn nicht die einzige Gefahr Europas bilde."

Dezember. William T. Stead versendet am Jahresschluß einen offenen Brief an die gesamte Presse Europas, worin er für die Propagierung der II. Haager Konferenz eintritt. Stead begibt sich alsdann auf eine Agitationsreise nach den europäischen Hauptstädten, um die führenden Staatsmänner für die II. Haager Konferenz zu interessieren.

Dezember. Andrew Carnegie stiftet 3 Millionen Mark zur Erbauung eines Palastes für das „Zentralbureau der amerikanischen Republiken" in Washington.

Dezember. Die Budgetkommission der französischen Kammer befürwortet die Herabsetzung des Kredits für die Fortifikationen an der italienischen Grenze von Frcs. 290000 auf 190000 Frcs. Die Kammer stimmt diesem Vorschlag zu.

Druck von B. G. Teubner in Dresden.